Das neue Bastelbuch für Kinder

Ursula Barff • Ingeborg Burkhardt • Jutta Maier

Das neue Bastelbuch für Kinder

4 Basteln mit Kindern

Liebe Bastelfreunde,

es freut uns sehr, daß Sie sich für dieses Buch entschieden haben, weil es uns zeigt, daß Sie oft und gern mit Ihren Kindern basteln und Ihnen neue Anregungen gut gelegen kommen. Außerdem bedeutet es, daß Sie – ebenso wie wir – Basteln als wichtige Alternative zu der Vielzahl von Möglichkeiten sehen, Ihr Kind sinnvoll zu beschäftigen.

Als wir einmal überlegten, ob Basteln überhaupt noch zeitgemäß ist und ob es durch die verschiedenen Medien und die Elektronik, die in die Kinderzimmer Einzug gehalten hat, nicht altmodisch und abgestanden erscheint, wurde uns bewußt, daß zwar der Oberbegriff „Basteln" der alte geblieben ist, seine Inhalte und Formen sich jedoch ständig erneuert haben.

Gewinner einer jeden Bastelaktion ist in erster Linie Ihr Kind, das dabei Zuwendung und Freude am kreativen Gestalten erfährt und gleichzeitig spielerisch Arbeit im Team, Durchsetzungsvermögen und Kommunikationsfähigkeit erlernt.

Aber auch der Erwachsene, der sich auf die Beschäftigung mit Kindern einläßt, bekommt Bestätigung und erlebt, wie gemeinsam Geleistetes verbindet und Vertrauen schafft. Genau diese Dinge sind es, auf die es innerhalb einer Familie ankommt und die in der Zusammenarbeit von Elternhaus und Kindergarten oder Schule große Bedeutung besitzen.

In diesem Buch finden Sie Bastelvorschläge von unterschiedlichem Schwierigkeitsgrad zu allen besonderen Anlässen im Jahreslauf. Da Kinder äußerst verschiedenartige Fertigkeiten besitzen können, ist die Altersangabe zu den einzelnen Arbeiten natürlich nicht bindend und dient lediglich als Orientierungshilfe. Ebenfalls als Hilfe sind die Abpausvorlagen gedacht. Sie sollen niemanden in seiner Kreativität behindern, sondern dort, wo es sinnvoll ist, unterstützen und zu sicheren Erfolgserlebnissen führen.

Wir würden uns freuen, wenn dieses dritte Bastelbuch ebenso gut von Ihnen angenommen würde, wie die ersten beiden Bände. Wir wissen dann, daß wir die richtige Auswahl getroffen haben und daß die Dinge, die wir zusammen mit Kindern basteln, auch Ihnen interessant erscheinen und Lust wecken, sie nachzuarbeiten.

Wir und alle, die zum Gelingen dieses Buches beigetragen haben, wünschen Ihnen dabei viel Spaß und Erfolg.

Die Autorinnen

Inhaltsverzeichnis

Basteln mit Kindern 8

Kleine Materialkunde 10
Das Abpausen von Vorlagen 14
Wegweiser durch das Buch 15

**Wenn es draußen stürmt
und schneit** 16

Gefalteter Schlitten 18
Pinguine auf Eisschollen 20
Grußkarte: Winterbaum 23
Salzteigschneemann 24
Türwärmer: Tausendfüßler
aus Handtüchern 26
Schneemann-Windlicht 28
Winterbild: Futterhäuschen 30

Kinderfasching 32

Schlangen- und
Drachengirlande 34
Sterngucker 36
Blütengirlande 37
Jägerhut 38
Hammerhai 40
Fransengirlande 42
Girlande: Orientalische Stadt ... 43
Ansteckfiguren 44

**Schöne Sachen
fürs Kinderzimmer** 46

Frühlingsbild 48
Türschilder 50
Seehundmobile 51
Rundes Fenstertransparent 52
Löwenbild 54
Webbild auf Fahrradfelge 55
Geburtstagskalender
mit Fesselballons 56
Tastmemory 58
Glockenspiel aus Ton 60

Osterbasteleien 62

Hüpfseilhase 64
Tonhasen 66
Ostereier
mit Golddraht umwickelt 67
Hühnerkorb 68
Hasenspielbild 70
Hefehase 72
Collageneier 74
Eier mit bunten
Wachstropfen 75
Osternest
und Schmetterlinge 76
Blütenkorb 78
Osterkarte:
Hase hinterm Busch 79

**Alles Liebe
zum Muttertag** 80

Schmuck aus Ton 82
Bemalter Teller 84
Bild im Gardinenring 85
Ente und Schwan 86
Herzschachtel aus Wellpappe ... 88
Duftende Granitschachteln 89
Tischkarten 90
Bunte Kugeln
für den Blumentopf 92
Dose mit Papierrosette 94

Wir feiern Kindergeburtstag 96

Schwan aus Spitzenpapier 98
Perlenmäuschen 100
Tischkarte:
Baum mit Blüten 101
Igelschachtel 102
Schlüsselanhänger
aus Moosgummi 104
Figur auf Trinkhalm 106
Geburtstagslurch.................... 107
Laufkäfer 108
Würfelspiel:
Lustiger Clown 110
Einladungskarten: Schmetter-
ling und Marienkäfer 113
Tischdekoration:
Serviettenhaus 114

Kleine Geschenke für gute Freunde 116

Stoffpuppe 118
Muscheln mit Zauberstein 121
Eulenschachtel 122
Drachenschultüte 124
Modellierter Fuß 126
Nilpferd 128
Tonbild: Segelschiff................ 130
Geschenkpapier
in Rollmurmeltechnik 132

Wenn die ersten Blätter fallen 134

Getreidesträußchenkarten 136
Mobile: Igel im Herbstlaub 138
Bucheckernfee 139
Einladungsdrachen 140
Traubenkarte 142
Wandbild: Apfelbaum............. 144
Kreppapiermedaille 145
Gestalten
mit Naturmaterialien 146

Grußkarten selbstgemacht 148

Weihnachtsbaum
aus Wellpappe 150
Gestickter Stern 151
Tanne und Stern
aus Tonkarton 152
Spritztechnik:
Luftballonjunge 154
Klebeband-Glitzerkarten 156
Weihnachtscollage 157
Gewürzkarten 158
Ährenkarte 160
Taubenkarte 161
Linoldruckkarten 162

Alle Lichter brennen 164

Gefaltete Sternleuchte 166
Tischlicht mit Orange 168
Wachstropfenkerze 169
Sternlicht 170
Dinosaurierlaterne 172
Seidenpapierlaterne 175
Igellaterne 176
Wellenlaterne 178
Fischlaterne 180
Teelichtsterne........................ 182

Advent und Weihnachten 184

Tannenbaum-
Adventskalender 186
Wellpappekerzen 188
Christbaumkugeln 189
Nikolaus auf Schneerutsche ... 190
Laubsägekrippe 192
Wolkenbilder 194
Weihnachtskarte:
Winterlandschaft................... 195
Wellpappesterne 196
Christbaumschmuck:
Geflochtene Ringe 198
Salzteigstern mit Teelicht 200
Nikolausstift 202

Vorlagenzeichnungen 204
Impressum 208

Basteln mit Kindern 7

Basteln mit Kindern

Kleine Materialkunde

Papiere

Papier ist die Grundlage für viele Bastelarbeiten.
Neben dem normalen weißen (Schreibmaschinen-)
Papier gibt es noch zahlreiche andere Papiersorten,
die meist im Bastelgeschäft erhältlich sind.
Die DIN-Normen, die machmal statt der Zentimeter
im Materialzettel auftauchen, sind folgendermaßen
zu verstehen:

DIN A4: das genormte Maß des Schreibmaschinenpapiers

DIN A5: die halbe Größe des Schreibmaschinenpapiers

DIN A6: Postkartengröße

DIN A3: doppelte Größe des Schreibmaschinenpapiers

In der folgenden Tabelle sind alle in diesem Buch
auftauchenden Papiersorten alphabetisch geordnet
zusammengestellt.

Papiersorte	Eigenschaft	Tips
Buntpapier	Glänzend, alle Farben, Rückseite gummiert, Bogen in verschiedenen Größen erhältlich	Läßt sich gut reißen und schneiden; im Bastelgeschäft erhältlich
Butterbrotpapier	Durchsichtig, dünn, als Rolle erhältlich	Kann statt Pergamentpapier zum Abpausen von Vorlagen verwendet werden; im Lebensmittelgeschäft erhältlich
Drachenpapier	Durchscheinend, alle Farben, in Bogen erhältlich	Kann durch Transparentpapier ersetzt werden; im Bastelgeschäft erhältlich
Elefantenpapier	Durchscheinendes, starkes Papier, grobe Maserung, alle Farben, genormte Bogengrößen	Zur Herstellung von Laternen; im Bastelgeschäft erhältlich
Faltpapier	Dünn, alle Farben, quadratisch, rechteckig oder rund, verschiedene Größen	Im Bastelgeschäft erhältlich
Fotokarton	Dünner Karton, alle Farben, genormte Bogengrößen	Im Bastel- oder Schreibwarengeschäft erhältlich
Goldfolie	Glänzend, stabil, Farben: Gold, Silber, Rot, Blau, Grün; als Rolle erhältlich	Im Bastel- oder Schreibwarengeschäft erhältlich
Kreppapier	Kreppstruktur, alle Farben, als Rolle erhältlich	Vorsicht, färbt in Verbindung mit Wasser oder Klebstoff (Kleister); im Bastelgeschäft erhältlich
Origamipapier	Stabil, alle Farben, einseitig bunt, quadratisch, in verschiedenen Größen erhältlich, ähnelt Faltpapier	Kann statt Faltpapier verwendet werden; im Bastelgeschäft erhältlich
Pergamentpapier	Durchsichtig, dünn, stabil, ähnlich wie Butterbrotpapier	Im Schreibwarengeschäft oder als Abfall aus Architekturbüros erhältlich
Seidenpapier	Sehr dünn, leicht durchsichtig, alle Farben, genormte Bogengrößen	Vorsicht, färbt in Verbindung mit Nässe oder Klebstoff; im Bastelgeschäft erhältlich
Scherenschnittpapier	Vorderseite schwarz, Rückseite weiß, verschiedenenformatige Bögen	Im Bastel- oder Schreibwarengeschäft erhältlich
Tonpapier	Dünner Karton, alle Farben, genormte Bogengrößen	Im Bastelgeschäft erhältlich
Transparentpapier	Durchscheinend, alle Farben, in Bogen erhältlich	Im Bastelgeschäft erhältlich
Vivelle	Papier, das mit filzartigem Marerial bezogen ist, alle Farben, in Bogen	Im Bastelgeschäft erhältlich
Wellpappe	Biegbare Pappe mit wellenartiger Struktur auf einer Seite	Kostenloses Abfallprodukt, passende Stücke sammeln

Farben

Farben spielen eine wichtige Rolle bei fast allen Bastelarbeiten. Erst wenn die Arbeit bunt bemalt ist, bekommt sie ihren letzten „Pfiff". Die meisten Farben werden mit einem Pinsel aufgetragen. Da ein guter Pinsel recht teuer ist, sollte man ihn sorgfältig behandeln. Ganz wichtig ist, daß er nie auf den Haaren stehend aufbewahrt und nach Gebrauch immer sorgfältig gereinigt wird. Für manche Farben wie Lackfarben brauchen wir einen Spezialreiniger. In der folgenden Tabelle sind die meisten in diesem Buch verwendeten Farben alphabetisch zusammengestellt.

Farbe	Eigenschaft	Tips
Fingerfarben	Gut deckend, großflächig verwendbar, auswaschbar	Im Bastelgeschäft erhältlich
Lackfarben	Gut deckend, langsam trocknend, aus Kleidern nicht mehr zu entfernen	Im Maler- oder Bastelgeschäft erhältlich
Linoldruckfarbe	Gut deckend, sehr langsam trocknend	Im Bastel- oder Schreibwarengeschäft erhältlich
Plakafarben	Sehr gut deckend, lichtecht, schwer aus Kleidung zu entfernen	Im Bastelgeschäft erhältlich
Stoffdruckfarben	Nur für Textilien zu verwenden, vor dem Bügeln gut auswaschbar	Im Bastelgeschäft erhältlich
Wachsmalstifte	Farbstifte, leuchtende, kräftige Farben	Am besten ungiftige Stifte, die Bienenwachs enthalten, kaufen; im Bastel- oder Schreibwarengeschäft erhältlich
Wasserfarben	Mäßig deckend, leicht verwischbar, problemlos auswaschbar	Im Bastel- oder Schreibwarengeschäft erhältlich

Kostenlose Bastelmaterialien

Sieht man die Materiallisten in diesem Buch durch, so stellt man fest, daß viele der benötigten Dinge im Haushalt vorhanden sind, ja, daß einige als Abfall in den Mülleimer gewandert sind. Es empfiehlt sich also, eine Kiste oder Schachtel für sogenanntes „wertloses Material" bereitzustellen. Darin kann dann folgendes gesammelt werden:

- Ansichtskarten,
- Reste von Stoffborten,
- leere Küchenkrepp- rollen,
- Gardinenreste,
- alte Glasscheiben,
- Kerzenreste,
- Gummiringe,
- Holzstücke und -brettchen,
- leere Joghurtbecher,
- Knöpfe,
- Kronenkorken,
- Fellreste,
- alte Zahnbürsten,
- alte Socken,
- Stoffreste,
- leere Streichholz- schachteln,
- Tapetenreste,
- Teelichter,
- altes Teesieb,
- Käseschachteln,
- Walnußschalen,
- leere Waschmittel- tonnen mit Deckel,
- leere Toilettenpapier- rollen,
- Weinkorken,
- Wollreste.

Die in diesem Buch vorkommenden Naturmaterialien können fast alle bei Spaziergängen in Wald und Feld gesammelt werden. Sie müssen aber luftig, das heißt in einer Kiste oder einem luftdurchlässigen Karton gelagert werden, da sie sonst schimmeln. Gräser und Blumen müssen zum Trocknen verkehrt herum aufgehängt und können erst dann, in der luftdurchlässigen Kiste, gelagert werden. Im folgenden ein paar Anregungen, was man alles sammeln kann:

- dekorative Blätter,
- Baumpilze,
- Blumen,
- Bucheckernhülsen,
- Eicheln und Hülsen,
- Federn,
- Gräser,
- Hagebutten,
- Haselnüsse und ihre Spelzen,
- Moos und Rinde,
- Tannenzäpfchen.

Basteln mit Kindern 11

Sonstige Dinge zum Kaufen

Neben Papieren und Farben gibt es noch eine Reihe von anderen Dingen, die man im Bastel- oder Heimwerkergeschäft besorgen muß. Die wichtigsten Materialien sind in der folgenden Tabelle zusammengestellt. Manches – wie etwa Draht – findet sich vielleicht auch im Werkzeugkasten oder im Keller. Oft ist es sicherlich möglich, noch kleine übriggebliebene Reste oder Materialien zu verwerten.

Gegenstand	Beschreibung	Tips
Bastelklammer	Die Hälfte einer Wäscheklammer aus Holz	Im Bastelgeschäft erhältlich
Bastelkleber	Flüssiger Kleber, schnell, kräftig, auswaschbar	Im Bastel- oder Schreibwarengeschäft erhältlich
Blumendraht	Gut biegbarer, dünner Draht	Im Blumen- oder Bastelgeschäft erhältlich
Draht	Gibt es in verschiedenen Stärken, mit der Flachzange zu biegen	Im Bastelgeschäft oder Heimwerkermarkt erhältlich
Decorlack	Glanzlack auf Wasserbasis, wasserverdünnbar	Im Bastelgeschäft oder Heimwerkermarkt erhältlich
Dessertteller	Weißer, glatter Porzellan- oder Steingutteller	Im Haushaltwarengeschäft erhältlich
Doppelseitiges Klebeband	Auch Teppichband genannt, sehr stark klebendes Material	Im Tapetengeschäft oder Heimwerkermarkt erhältlich
Dübelstab	Runder Holzstab, Durchmesser und Länge nach Wunsch	Im Heimwerkermarkt erhältlich
Filz	Stoff, alle Farben, franst nicht aus	Im Stoff- oder Bastelgeschäft erhältlich
Gardinenring	Runde Holzringe, verschiedene Größen und Stärken	Im Gardinengeschäft erhältlich
Geschenkband	Kunststoffband, alle Farben, verschiedene Breiten, Meterware	In der Geschenkboutique oder im Stoffgeschäft erhältlich
Gips	Weißes Pulver, mit Wasser anzurühren, wird schnell hart	Im Heimwerkermarkt erhältlich
Gold- und Silberfaden	Garn, in unterschiedlicher Stärke	Im Haushalts- oder Bastelgeschäft erhältlich
Granulat	Kristallförmiges Pulver, farblos oder bunt schmilzt im Ofen	Im Bastelgeschäft erhältlich
Holzleim	Spezieller Holzkleber, langsam trocknend	Im Bastelgeschäft oder Heimwerkermarkt erhältlich
Holzperlen	Holzfarbene oder buntlackierte Kugeln, verschiedene Größen, Loch in der Mitte	Im Bastelgeschäft erhältlich
Holzzwinge	Werkzeug zum Befestigen der Holzplatten	Im Bastelgeschäft oder Heimwerkermarkt erhältlich
Hutgummi	Starkes Gummi, viele Farben, als Rolle erhältlich	Im Handarbeits- oder Kurzwarengeschäft erhältlich
Kerzenhalter	Metallkerzenhalter für Laternen, kann am Laternenboden befestigt werden	Im Bastelgeschäft erhältlich
Korkplatten	Aus Korkresten gepreßt	Im Heimwerkermarkt erhältlich
Kugelkrönchen	Aufhängung für die Kugeln	Im Bastelgeschäft erhältlich

Gegenstand	Beschreibung	Tips
Kunststoffkugel	Weiße Kugeln in unterschiedlichen Größen	Im Bastelgeschäft erhältlich
Laubsäge	U-förmige kleine Säge	Im Bastelgeschäft erhältlich
Laubsägeblatt	Sägeblatt, zum Einspannen in die Laubsäge	Im Bastelgeschäft erhältlich
Laubsägeplatten	Spezielle, dünne Holzplatten	Im Bastelgeschäft oder Heimwerkermarkt erhältlich
Laternenbastelset	Enthält: Pergamentpapier, Käseschachtel, Kerzenhalter, Kerze, Draht und Stecken	Im Bastelgeschäft oder Heimwerkermarkt erhältlich
Metallicstifte	In Gold-, Silber- und Bronzefarben erhältlich, vor Gebrauch gut schütteln	Im Schreibwarengeschäft erhältlich
Moosgummi	Weiche, filzartige Kunststoffplatten	Im Bastelgeschäft erhältlich
Naturwolle	Ungesponnene, ungereinigte, naturfarbene oder bunt gefärbte Wolle, watteähnlich	Im Handarbeits- oder Bastelgeschäft erhältlich
Ostergras	Grünes, künstliches Papiergras	Im Bastelgeschäft erhältlich
Papiermüllsäcke	Sehr große Säcke aus festem Papier	In Drogerien, Haushaltwaren- oder Lebensmittelgeschäften, aber leider nicht überall erhältlich
Pfeifenputzer	Draht, mit Kunsthaaren umgeben, alle Farben, mit Schere oder Zange durchzuschneiden	Im Tabakwaren- oder Bastelgeschäft erhältlich
Pinselreiniger	Nitro-Universalverdünner; Vorsicht giftig!	Im Maler- oder Bastelgeschäft erhältlich
Ramieband	Bastähnlich, platt gebügelt, verschiedene Breiten, im Bündel zu kaufen	Im Bastelgeschäft erhältlich
Rupfen	Stoff, aus dem Kartoffelsäcke hergestellt werden, Meterware	Im Stoff- oder Bastelgeschäft erhältlich
Samtband	Band in verschiedenen Breiten, alle Farben, Meterware	Im Stoffgeschäft erhältlich
Schaschlikspieß	Holzstöckchen, etwa 18 cm lang, ein Ende zugespitzt	Im Haushaltwaren- oder Bastelgeschäft erhältlich
Schmirgelpapier	Eine Seite des Papiers ist rauh: Sehr fein bis grob kann die Beschichtung sein	Im Bastel- oder Heimwerkermarkt erhältlich
Selbstklebefolie	Durchsichtige Folie, Vorderseite glänzend Rückseite klebend, Meterware	Im Schreibwaren- oder Bastelgeschäft erhältlich
Sprühlack	Klarer Lack in Sprühdosen, kann ohne Pinsel benutzt werden; Vorsicht giftig!	Im Bastelgeschäft erhältlich
Tapetenkleister	Pulver, das mit Wasser nach der Gebrauchsanweisung der Packung angerührt wird; für Papier und Pappe geeignet, auswaschbar	Im Tapetengeschäft oder Heimwerkermarkt erhältlich
Ton	Weiße, hell- oder dunkelbraune Masse, muß feucht gelagert werden, nur kiloweise erhältlich	In der Töpferei oder im Bastelgeschäft erhältlich
Trockenblumen	Getrocknete Blumen aller Art, bunt und zerbrechlich	Sammeln oder im Blumengeschäft erhältlich
Untersetzer für Blumentöpfe	Aus Ton, innen glasiert	Im Gartencenter oder Blumengeschäft erhältlich
Wattekugeln	Aus Watte gepreßte Kugeln, alle Größen, weiß, leicht	Im Bastelgeschäft erhältlich

Basteln mit Kindern 13

Das Abpausen von Vorlagen

Nicht jeder ist ein Zeichenkünstler, und so kommt es nicht selten vor, daß eine Bastelarbeit nicht so ausfällt, wie man es sich vorgestellt hat, nur weil es mit dem Zeichnen nicht so gut klappt. Deshalb haben wir in dieses Buch für alle schwierig zu zeichnenden Dinge Abpausvorlagen aufgenommen. Diese Vorlagen stehen entweder direkt bei dem Objekt oder, wenn der Platz an dieser Stelle nicht ausgereicht hat, im Anhang ab Seite 204. Vorlagen, die größer als das Buchformat sind, finden wir auf einem extragroßen Vorlagebogen am Ende des Buches.

Grundsätzlich gibt es zwei Möglichkeiten des Abpausens:

Das Abpausen mit Pergamentpapier

Pergamentpapier ist ein durchscheinendes, festes Papier, das es im Schreibwarengeschäft zu kaufen gibt. Auch Architekturbüros arbeiten viel mit dieser Papierart, und man kann unter Umständen dort kostenlose Pergamentpapierabfälle bekommen. Statt Pergamentpapier kann man aber auch Butterbrotpapier benutzen, das fast dieselben Eigenschaften hat, nur etwas dünner und weniger fest ist. Außer dem Papier benötigen wir bei dieser Art des Abpausens noch einen weichen Bleistift.

1. Wir legen das Papier auf die Vorlage, die wir abpausen wollen, und ziehen mit dem Bleistift die Linien nach. Dabei achten wir darauf, daß sich das Abpauspapier nicht verschiebt.

2. Bevor wir das Papier wegnehmen, kontrollieren wir, ob wir auch alle Linien wirklich nachgezogen haben. Dann erst entfernen wir unser Abpauspapier von der Vorlage.

3. Wir wenden das Papier und legen es auf die Pappe oder das Papier, auf das die Vorlage übertragen werden soll. Die mit Bleistift gezogenen Linien liegen nun auf dem neuen Papier.

4. Mit kräftigem Druck ziehen wir die Linien nun alle nochmals nach. Da wir mit weichem Bleistift gearbeitet haben, haften dabei die ersten Linien auf dem Papier oder der Pappe, und das gewünschte Muster erscheint. Wir kontrollieren, ob wir auch alle Striche nachgezogen haben, und können unser Bild dann ausschneiden.

Das Abpausen mit Pauspapier

Pauspapier gibt es in Schwarz und Weiß. Schwarzes Pauspapier – auch Kohlepapier genannt – erhält man im Schreibwarengeschäft, da es normalerweise zum Anfertigen von Durchschlägen von Briefen verwendet wird. Weißes oder helles Pauspapier gibt es im Bastel- oder Handarbeitsgeschäft. Mit diesem Papier arbeiten wir, wenn wir eine Vorlage auf einen dunklen Untergrund durchpausen wollen. Beide Pauspapierarten können recht oft verwendet werden. Erst wenn die Beschichtung abgenutzt ist, muß man ein neues Papier verwenden.

1. Zuunterst legen wir das Papier oder die Pappe, auf die wir die Vorlage übertragen wollen. Darauf kommt das Kohlepapier, und zwar mit der färbenden Seite nach unten, also auf unserem Papier oder der Pappe. Zuoberst legen wir die Vorlage, die wir abpausen wollen.

2. Damit sich beim Abpausen nichts verschiebt oder wegrutscht, sollten wir die drei Blätter mit Büroklammern zusammenhalten oder mit wieder lösbarem Klebeband fixieren.

3. Nun ziehen wir mit dem Bleistift die Linien unserer Vorlage nach. Sie übertragen sich direkt auf die Unterlage. Bevor wir unser Pauspapier wegnehmen, kontrollieren wir nochmals, ob wir auch keine Linien vergessen haben. Das durchgepauste Bild kann dann ausgeschnitten werden.

Wegweiser durch das Buch

Dieses Buch ist in elf Kapitel gegliedert. In jedem Kapitel sind verschiedene Vorschläge zu einem Themenkreis zusammengestellt. Diese Einteilung soll dem Benutzer helfen, schnell die passende Bastelarbeit für einen bestimmten Anlaß zu finden. Aber natürlich spricht nichts dagegen, nach einem ganz anderen Konzept vorzugehen. Da alle fertigen Objekte mit großformatigen, bunten Fotos vorgestellt sind, kann man sich natürlich auch vom Bild der fertigen Bastelarbeit zum Nacharbeiten anregen lassen, ohne Rücksicht auf Jahreszeit oder Anlaß. Die meisten der in den Basteleien verwendeten Materialien finden sich in jedem Haushalt. Folgende Dinge sollte man, da sie oft gebraucht werden, immer im Hause haben:

- Schere,
- Stopf- und Nähnadeln,
- Faden,
- weiche Bleistifte,
- Anspitzer,
- Radiergummi,
- Lineal oder Dreieck,
- Wollreste,
- Stoffreste,
- Papier,
- Bastelkleber,
- Pauspapier,
- Transparent- oder Butterbrotpapier,
- Karton- und Pappreste,
- klarer Sprühlack,
- Locher oder Lochzange,
- Hefter oder Tacker,
- Filzstifte,
- Draht,
- Papierschneidemesser,
- Reißnägel,
- Gummiband,
- Teelichter,
- Pinsel.

Bei jedem Bastelvorschlag sind die für dieses Arbeiten benötigten Materialien auf der Materialliste zusammengestellt. Am besten legt man sich vorher alles Notwendige zurecht, damit man nicht mitten im Basteln aufhören muß, weil das passende Material oder Werkzeug fehlt.

Viele Basteleien entstehen aus sogenannten Abfallprodukten wie Joghurtbechern oder leeren Klopapierrollen. Die Dinge, die man im Bastelgeschäft kaufen muß, sind ab Seite 10 aufgeführt und erklärt.

Die Bastelarbeiten sind von unterschiedlicher Schwierigkeit. Sie wurden daher mit Altersangaben versehen. Diese wurden gemacht, damit kein Kind die Lust am Basteln verliert, nur weil es sich zu schwierige und komplizierte Dinge zugemutet hat, die dann im Ergebnis meist hinter den Erwartungen zurückbleiben. Natürlich sind die Altersangaben nur als Hilfe gedacht. Welche Bastelei er letztlich herstellt, entscheidet jeder selbst, das Wichtigste ist der Spaß bei der Arbeit.

Die Kleinen, die ja noch nicht lesen können, brauchen zwar immer die Hilfe eines Erwachsenen, der ihnen erklärt, was zu tun ist, aber die Arbeit selbst ist so einfach, daß sie auch bestimmt gelingt.

Um das Gelingen der Arbeit nicht an einem eventuell nicht so ausgeprägten Zeichentalent scheitern zu lassen, wurden für alle etwas schwierig zu zeichnenden Dinge Abpausvorlagen in das Buch mit aufgenommen.

Diese Vorlagen sind in Originalgröße abgebildet und können direkt übertragen werden. Einige Abpausvorlagen finden Sie auf den Seiten im Anhang. Auf welcher Seite man suchen muß, ist bei den Bastelanleitungen jeweils vermerkt. Die größeren Motive sind auf dem Vorlagebogen abgebildet. Alle Vorlagen sind beschriftet und – sofern sie aus Platzgründen übereinanderliegen – durch verschiedene Farben gut zu unterscheiden. Eine mit Nummern versehene Aufstellung finden Sie links oben auf Seite A des beigelegten Vorlagebogens.

Wenn es draußen stürmt und schneit

Gefalteter Schlitten

ab 4 Jahren

Tonpapier (DIN A5)
Lineal
Bleistift
Schere
Tonpapierrest
Klebstoff

Ein Schlitten ist seit jeher das Gefährt des Nikolaus. Mit ihm bringt er die Geschenke zu den Kindern. Dieser Schlitten aus Tonpapier läßt sich sehr leicht anfertigen. Man kann ihn mit Nikoläusen aus Schokolade und kleinen Spielsachen füllen.

18 Wenn es draußen stürmt und schneit

1. Ein Rechteck von 21 x 15 cm zeichnen wir mit Hilfe des Lineals auf Tonpapier und schneiden es aus.

2. Dann falten wir das Rechteck einmal der Länge und einmal der Breite nach in der Mitte zusammen. Nach dem Glattstreichen öffnen wir das Papier wieder.

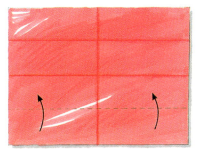

3. Die oberen und unteren Kanten falten wir anschließend zur Mitte und öffnen sie ebenfalls wieder.

4. Die beiden seitlichen Kanten werden zur Mitte gefaltet und die vier Ecken – wie auf der Zeichnung zu sehen – nach vorn geknickt.

5. Die in der Mitte liegenden Kanten klappen wir nun nach rechts beziehungsweise nach links um.

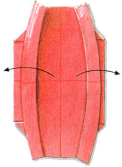

6. Mit beiden Händen ziehen wir die Seiten vorsichtig nach oben, bis eine rechteckige Schachtel entsteht.

7. Für die Kufen des Schlittens schneiden wir aus dem Tonpapierrest 2 Streifen à 30 x 1 cm zu.

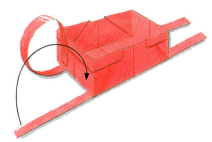

8. Die Streifen werden so an den Boden der Schachtel geklebt, daß sie hinten etwa 3 cm überstehen. Vorn biegen wir die Streifen rund und kleben sie an der Vorderseite der Schachtel fest.

9. In den fertigen Schlitten setzen wir einen Schokoladennikolaus und stecken ein paar Süßigkeiten sowie einen kleinen Tannenzweig dazu.

Auf geht's, die Fahrt kann beginnen!

Wenn es draußen stürmt und schneit

Pinguine auf Eisschollen

ab 5 Jahren

> **Material für die Pinguine:**
> schwarzweißes Origamipapier (15 x 15 cm)
> weißer Farbstift
> schwarzer Filzstift
>
> **Material für die Eisschollen:**
> 3 Eigelb
> 5 El warmes Wasser
> 150 g Zucker
> 1 Päckchen Vanillezucker
> Rührschüssel
> Rührgerät
> 3 Eiweiß
> 100 g Mehl
> 50 g Speisestärke
> 1 gestr. TL Backpulver
> Mehlsieb
> Rührlöffel
> Backblech
> Backpapier
> Zucker
> Geschirrtuch
> Backpinsel
> Messer
> 500 g Puderzucker
> Saft von 2 Zitronen
> 2 EL Wasser

Etwas Besonderes für winterliche Geburtstagsfeste sind gefaltete Pinguine, die auf eßbaren Eisschollen aus Biskuitteig stehen. Ob als Tischdekoration oder als Hauptpreis eines Gewinnspiels – die Gäste werden sich über diese Geschenke sicher sehr freuen.

Wichtig ist, daß wir zum Falten Papier mit einer schwarzen Vorder- und einer weißen Rückseite verwenden, damit die Figuren das für Pinguine typische Aussehen erhalten. Am besten eignet sich schwarzweißes Origamipapier, das bereits genau quadratisch zugeschnitten ist.

Pinguine

1. Das quadratische Stück Papier legen wir mit der schwarzen Seite nach unten auf den Tisch und falten es einmal diagonal in der Mitte.

2. Wir öffnen die Faltung wieder und klappen die obere rechte und linke Kante auf die senkrechte Mittellinie, so daß eine Drachenfigur entsteht.

Wie auf der Zeichnung zu sehen, werden die vorderen Flügel an den Hilfslinien nach außen gefaltet.

3. Wir drehen die Figur um und klappen die untere Ecke nach oben.

4. Anschließend falten wir den rechten und linken vorderen Flügel auf die senkrechte Mittellinie.

5. An den Hilfslinien knicken wir die obere Spitze zuerst nach unten und dann wieder nach oben um. Daraus entstehen später Hals und Kopf des Pinguins.

Wenn es draußen stürmt und schneit 21

6. Wir klappen die linke Hälfte der Figur auf die rechte Hälfte.

7. Die obere Spitze falten wir an der gestrichelten Linie vor. Dann öffnen wir die Faltung wieder und wenden die Spitze am entstandenen Knick nach links. Dabei stülpt sich die mittlere Faltkante nach außen.

8. Den vorderen Flügel knicken wir an der zweiten Hilfslinie nach links um. Das gleiche wird mit dem hinteren Flügel der Figur wiederholt.

9. Für den Schnabel wenden wir die obere Spitze an den Hilfslinien zuerst nach innen und dann wieder nach außen.

10. Zum Schluß malen wir dem Pinguin 2 Augen auf und schreiben ihm mit schwarzem Filzstift den Namen des Gastes auf den Bauch, für den er den Platz am Tisch freihält.

Eisschollen

1. Wir rühren die Eigelbe mit dem Wasser, dem Zucker und dem Vanillezucker schaumig.

2. Dann schlagen wir die Eiweiße steif und rühren sie vorsichtig unter die Eigelb-Zuckercreme.

3. Anschließend werden das Mehl, die Speisestärke und das Backpulver auf die Eimasse gesiebt und die Zutaten sorgfältig miteinander verrührt.

4. Wir legen das Backblech aus und bestreichen es 1 cm dick mit dem Teig.

5. Den Biskuitboden lassen wir bei 200° C etwa 10 bis 15 Minuten im Ofen backen. Er ist fertig, sobald er eine goldbraune Farbe bekommen hat.

6. Dann nehmen wir den Boden aus dem Backofen heraus und stürzen ihn sofort auf ein mit Zucker bestreutes Geschirrtuch. Wir streichen das Backpapier mit kaltem Wasser ein, ziehen es ab und lassen den Biskuitteig auskühlen.

7. Anschließend schneiden wir etwa 6 bis 8 Eisschollen aus der Kuchenplatte heraus.

8. Für den Zuckerguß schütten wir den Puderzucker in eine Schüssel und rühren ihn mit dem Zitronensaft und dem Wasser glatt. Mit dem Backpinsel wird der Guß auf die Eisschollen aufgetragen.

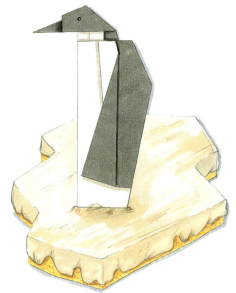

Die fertigen Pinguine stellen wir auf den weichen Zuckerguß der Eisschollen. Sobald der Guß hart geworden ist, sitzen die Pinguine fest auf den Schollen und können auf dem Tisch verteilt werden.

Grußkarte: Winterbaum

ab 6 Jahren

> weißer Tonkarton (DIN A5)
> Pauspapier
> Bleistift
> Papierschneidemesser
> Holzbrett oder dicker Karton
> alte Zeitungen
> blaues Tonpapier (DIN A6)
> alte Zahnbürste
> Spritzsieb
> weiße Wasserfarbe
> Klebstoff

Der Reiz dieser Karte liegt in der Kombination von Scherenschnitt- und Spritztechnik. Die weiße Winterlandschaft wirkt dadurch besonders realistisch.

Um zu verhindern, daß die Striche, die beim Durchpausen entstehen, zu sehen sind, übertragen wir den Baum auf die Innenseite der Karte.

1. Den Tonkarton falten wir einmal zur Hälfte zusammen und erhalten so unser Karte.

2. Dann bestimmen wir die Vorderseite, klappen die Karte auf und übertragen den Winterbaum von Seite 204 auf den Rücken der Vorderseite.

3. Mit dem Papierschneidemesser schneiden wir das Motiv entlang der Konturen vorsichtig aus. Ein Holzbrett oder ein Stück dicker

Karton verhindert, daß die Tischplatte eingeritzt wird.

4. Für den Hintergrund in Spritztechnik bedecken wir die Arbeits-platte mit alten Zeitungen und legen das blaue Tonpapier darauf. Wir feuchten die Zahnbürste mit etwas Wasser an, tauchen sie in die weiße Wasserfarbe und bespritzen das Tonpapier mit Hilfe des Spritzsiebes so lange, bis es aussieht wie ein Stück Himmel bei dichtem Schneetreiben.

5. Das getrocknete Tonpapier kleben wir anschließend von hinten gegen das Wintermotiv.

Wenn es draußen stürmt und schneit 23

Salzteigschneemann

ab 8 Jahren

> fester Karton
> Pauspapier
> Bleistift
> Schere
> Schüssel
> 200 g Mehl
> 200 g Salz
> Tasse mit Wasser
> Kuchenrolle
> Backrädchen
> Backblech
> Backpapier
> Küchenmesser
> Gewürznelken
> Mandelsplitter
> kleine Zweige
> Bildaufhänger

Ein beliebtes Wintermotiv sind Schneemänner. Der helle Salzteig ist gut dafür geeignet, ein Wandbild mit solch einem lustigen Kerlchen zu formen.
Ein Tip zum Energiesparen: Da die Backzeit sehr lang ist, empfiehlt es sich, mehrere Salzteigbilder herzustellen und sie gemeinsam in den Backofen zu schieben.

1. Für den Bildhintergrund können wir zwischen 2 verschieden großen Ovalen wählen. Wir übertragen die beiden Vorlagen von Seite 204 auf festen Karton und schneiden sie aus. Das sind die Schablonen für unsere Schneemannbilder.

24 Wenn es draußen stürmt und schneit

2. Für den Salzteig vermischen wir in einer Schüssel Mehl und Salz miteinander. Wir kneten nach und nach das Wasser hinein, bis der Teig geschmeidig ist und sich von der Schüssel löst.

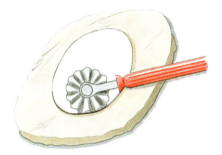

3. Dann wird mit der Kuchenrolle ein etwa tomatengroßes Teigstück etwa 0,5 cm dick ausgerollt. Wir legen eine der Kartonschablonen auf und rädeln die Form mit dem Backrädchen aus.

4. Anschließend wird ein Backblech mit Backpapier ausgelegt und das Salzteigoval vorsichtig daraufgesetzt.

5. Nun können wir den Schneemann gestalten: Für Bauch und Oberkörper formen wir 2 etwa kirschgroße Teigstücke zur Kugel und drücken sie flach.

6. Wir feuchten die Teile auf der Rückseite mit etwas Wasser an und legen sie auf das Oval. Durch das Wasser kleben die Kugeln auf dem Untergrund fest. Auch alle weiteren Teile aus Salzteig feuchten wir daher erst ein wenig an, bevor wir sie auf dem Bild anordnen.

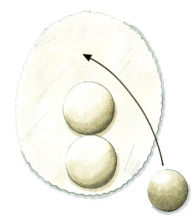

7. Aus einer etwas kleineren Teigkugel formen wir den Kopf und setzen ihn über die ersten beiden Kugeln.

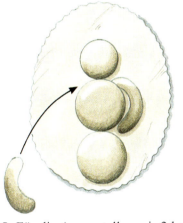

8. Für die Arme stellen wir 2 bananenförmige Rollen her und legen sie – wie auf der Zeichnung zu sehen – zu beiden Seiten des Oberkörpers an.

9. Aus einem dünn ausgerollten Stück Salzteig schneiden wir mit dem Küchenmesser eine Hutform zu. Anschließend setzen wir den Hut auf den Kopf des Schneemanns.

10. Nun stecken wir die Gewürznelken als Augen, Mund und Knöpfe in den Salzteig. Ein Mandelsplitter dient als Nase.

11. Der Besen besteht aus kleinen Zweigen, die wir dem Schneemann an einer Seite in die Armbeuge drücken.

12. Das fertig gestaltete Bild wird im Backofen zuerst 1 Stunde bei 75° C, dann 1 Stunde bei 100° C und zuletzt 1 Stunde bei 150° C getrocknet.

13. Wenn der Teig abgekühlt ist, kleben wir einen Bildaufhänger auf die Rückseite.

Wenn es draußen stürmt und schneit

Türwärmer: Tausendfüßler aus Handtüchern

ab 7 Jahren

> 2 Frotteehandtücher
> (100 x 45 cm)
> Reste von mitteldicker Wolle,
> die farblich zu den Handtüchern passen
> Bleistift
> Schere
> Draht (20 cm lang)

Wenn es im Winter kalt an Balkon- und Eingangstüren zieht, ist es sinnvoll, einen Türwärmer auf den Boden zu legen. Ein freundlicher Tausendfüßler aus Handtüchern sieht hübsch aus und hält gleichzeitig kalte Lüfte fern.

1. Zuerst bitten wir unsere Mutter oder unseren Vater um 2 ausgediente Frotteehandtücher.

2. Das erste Handtuch rollen wir der Länge nach locker zusammen.

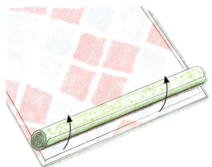

3. Anschließend wickeln wir das zweite Handtuch sorgfältig längs darüber.

4. Damit die Rolle hält, werden nun beliebig viele „Füße" um den Handtuchkörper geknotet. Sie bestehen aus Kordeln, die wir selbst anfertigen. Für eine Kordel schneiden wir von unserer Wolle zwölf 200 cm lange Fäden ab und verknoten sie an beiden Enden miteinander.

5. Das eine Ende der Fäden hängen wir in eine Türklinke, ziehen die Fäden straff und schieben in das andere Ende einen langen Blei-

26 Wenn es draußen stürmt und schneit

stift. Wir nehmen den Strang nun hinter dem Bleistift fest in die linke Hand und drehen mit der rechten Hand den Bleistift wie einen

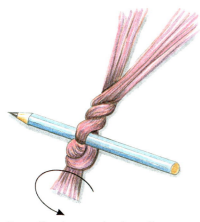

Propeller immer in derselben Richtung. Die Fäden müssen dabei stets gespannt sein.

6. Sobald die Fäden fest miteinander verdreht sind, halten wir sie in der Mitte fest und führen das Ende mit dem Bleistift zur Türklinke. Die Kordel liegt jetzt doppelt und beginnt sich sofort ineinander zu verdrehen. Mit der freien Hand streichen wir die Kordel so lange nach unten aus, bis sie glatt herunterhängt.

7. Dann ziehen wir die Kordelenden aus der Türklinke, entfernen den Bleistift und verknoten die

Enden miteinander. Nun haben wir eine etwa 80 cm lange Kordel, die für 2 Füße reicht.

8. Um die Kordel teilen zu können, machen wir 2 Knoten in der Mitte. Die Knoten sollten einen Abstand von etwa 2 cm haben. Dann schneiden wir die Kordel zwischen den beiden Knoten durch.

9. So stellen wir 7 Fußpaare her. Eine Kordel von etwa 20 cm Länge ergibt die Fühler.

10. Jetzt legen wir die Handtuchrolle so, daß die Kante oben liegt. Wir wickeln eine der Kordeln um die Rolle und verknoten sie auf der Kante. Die beiden überstehenden Kordelenden bilden die ersten 2 Füße des Tausendfüßlers.

11. In etwa gleichen Abständen knoten wir die restlichen Kordeln um den Handtuchkörper. Wir drehen den Tausendfüßler um, so daß er auf seinen Füßen steht.

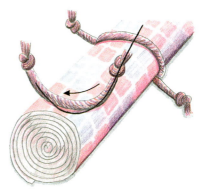

12. Nun werden die Fühler befestigt. Dazu ziehen wir den Draht etwa 7 cm in ein Kordelende ein, stechen ihn an einem Ende oben durch das Handtuch und führen ihn etwa 6 cm unter dem Frotteestoff lang. Danach ziehen wir ihn wieder 7 cm in die Kordel am anderen Ende ein. Die Fühler lassen sich nun mühelos nach oben biegen.

13. Das Rollenende, das den Kopf des Tausendfüßlers darstellt, stülpen wir etwas nach innen. Dadurch entsteht der Eindruck eines kleinen Maules.
Der Tausendfüßler aus Handtüchern ist nun bereit, an einer kalten Stelle des Hauses als Wärmeschutz zu dienen.

Schneemann-Windlicht

ab 5 Jahren

1 Marmeladenglas
Maßband
Pauspapier
Bleistift
Schere
dünner Karton
weißes Schreibmaschinen-
papier
Wachsmalstifte
Klebstoff
Teelicht

Wenn im Januar die Weihnachtsdekoration wieder in den Kisten verstaut wird, wirkt die Wohnung oft kahl. Das ist dann die Zeit für ein Schneemann-Windlicht. Auf der Fensterbank aufgestellt, schafft es eine anheimelnde Atmosphäre und der Winter mit seinen dunklen Abenden kann ruhig noch eine Weile andauern.

1. Mit dem Maßband messen wir den Umfang unseres Marmeladenglases ab. Wir teilen die Zahl durch 4, damit wir die richtige Breite des Schneemanns wählen können.

2. Auf Seite 204 sind Vorlagen für verschiedene Schneemanngrößen aufgezeichnet. Wir übertragen den Schneemann, der unserer Zahl entspricht, auf dünnen Karton und schneiden ihn aus.

28 Wenn es draußen stürmt und schneit

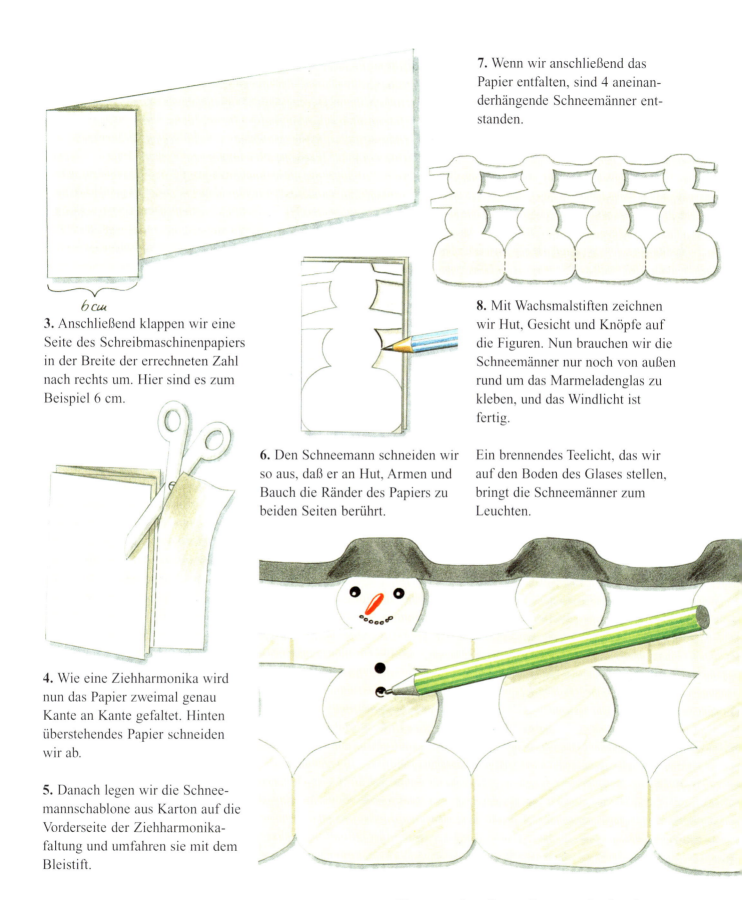

7. Wenn wir anschließend das Papier entfalten, sind 4 aneinanderhängende Schneemänner entstanden.

3. Anschließend klappen wir eine Seite des Schreibmaschinenpapiers in der Breite der errechneten Zahl nach rechts um. Hier sind es zum Beispiel 6 cm.

6. Den Schneemann schneiden wir so aus, daß er an Hut, Armen und Bauch die Ränder des Papiers zu beiden Seiten berührt.

8. Mit Wachsmalstiften zeichnen wir Hut, Gesicht und Knöpfe auf die Figuren. Nun brauchen wir die Schneemänner nur noch von außen rund um das Marmeladenglas zu kleben, und das Windlicht ist fertig.

Ein brennendes Teelicht, das wir auf den Boden des Glases stellen, bringt die Schneemänner zum Leuchten.

4. Wie eine Ziehharmonika wird nun das Papier zweimal genau Kante an Kante gefaltet. Hinten überstehendes Papier schneiden wir ab.

5. Danach legen wir die Schneemannschablone aus Karton auf die Vorderseite der Ziehharmonikafaltung und umfahren sie mit dem Bleistift.

Wenn es draußen stürmt und schneit

Winterbild: Futterhäuschen

ab 4 Jahren

> hellgrauer Karton
> (40 x 30 cm)
> Pauspapier
> Bleistift
> Schere
> Reste einer Korkplatte
> oder braunes Tonpapier
> weißes Tonpapier
> Klebstoff
> schwarzes Tonpapier
> weißes Pauspapier
> Malstifte
> grauer Fotokarton
> kleine Zweige
> Vogelfutter
> Bildaufhänger

Vögel an einem Futterhäuschen zu beobachten ist interessant und spannend. Da gibt es freche Amseln, vorwitzige Meisen und behäbige Tauben zu sehen. Wenn wir Glück haben, schaut auch mal ein Zaunkönig oder ein Rotkehlchen vorbei.
Das Winterbild soll uns dazu anregen, auf die Tiere in unserer nächsten Umgebung genauer achtzugeben und zu überlegen, ob wir ihnen ein wenig helfen können.

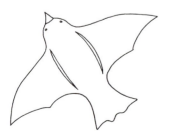

1. Vom Musterbogen übertragen wir die Grundform des Futterhäuschens auf den hellgrauen Karton und schneiden sie aus.

2. Dann pausen wir die Boden-, Dach- und Seitenteile auf die Reste der Korkplatte oder das braune Tonpapier ab und schneiden sie ebenfalls aus.

3. Für die Schneedecke auf dem Dach übertragen wir die Vorlagenzeichnung vom Musterbogen auf weißes Tonpapier und schneiden auch sie aus.

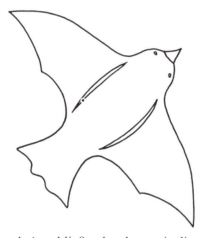

4. Anschließend ordnen wir die Korkteile zu einem Futterhäuschen auf dem grauen Karton an und kleben sie fest. Die Schneedecke aus Tonpapier setzen wir auf das Dach und kleben sie ebenfalls an.

5. Nun übertragen wir die Vögel vom Vorlagebogen auf das schwarze Tonpapier. Um die Linien erkennen zu können, wird hierzu weißes Pauspapier verwendet. Wir schneiden die Vögel aus und malen ihnen Augen, Schnäbel und Flügel auf.

6. Den Meisenring pausen wir danach auf grauen Tonkarton ab, schneiden ihn aus und kleben ihn unterhalb des Dachfirstes auf das Winterbild.

Wenn es draußen stürmt und schneit

7. Wir setzen die Vögel in das Futterhäuschen und kleben ein paar kleine Zweige dazu.

8. Anschließend bestreichen wir den Meisenring dick mit Klebstoff und bestreuen ihn mit Vogelfutter. Auf dem Boden des Futterhäuschens befestigen wir zusätzlich ein paar Körner des Vogelfutters.

9. Den Bildaufhänger kleben wir zum Schluß auf die Rückseite des Daches.

Wenn es draußen stürmt und schneit

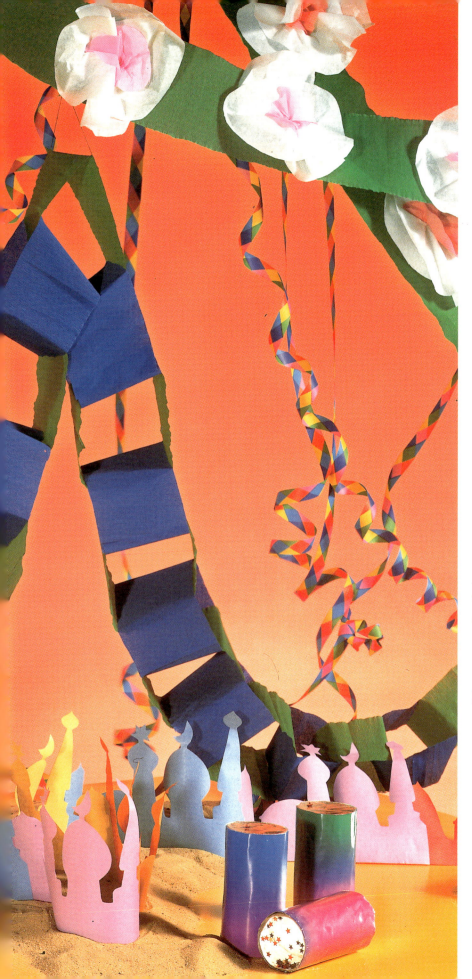

Kinderfasching

Schlangen- und Drachengirlande

ab 4 Jahren

grüner Fotokarton	schwarzer Filzstift
gelbes Tonpapier	grünes und gelbes Kreppapier
dunkelgrünes Tonpapier	Nähgarn
Pauspapier	Nadel
Bleistift	Reißnägel
Schere	hellgrünes Tonpapier
rotes Tonpapier	Silberstift
Klebstoff	blaues Kreppapier

34 Kinderfasching

Wer hätte nicht gern zwei so gefährlich aussehende Beschützer wie einen Drachen und eine Schlange? An der Decke hängend, jagen die beiden euren Gästen bei der nächsten Faschingsparty wohlige Gruselschauer über den Rücken.

Schlange

1. Vom Vorlagebogen pausen wir den Kopf der Schlange auf den grünen Fotokarton ab. Die Augen, die tropfenförmige Iris und die Nase übertragen wir auf das gelbe Tonpapier, und die Augäpfel zeichnen wir auf das dunkelgrüne Tonpapier ab. Danach werden sämtliche Teile ausgeschnitten.

2. Auf das rote Tonpapier zeichnen wir eine gespaltene Zunge und schneiden sie ebenfalls aus.

3. Nun legen wir alle Teile auf den Kopf der Schlange und kleben sie fest.

4. Mit dem schwarzen Filzstift malen wir die Pupillen und die Nasenlöcher auf. An den Ohren schneiden wir das Tonpapier fransig ein.

5. Nun fehlt unserer Schlange nur noch der Körper. Er besteht aus grünen und gelben Kreppapierringen, die wie die Glieder einer Kette miteinander verbunden sind. Zuerst schneiden wir von dem grünen Kreppapier ca. 10 Streifen

à 8 x 30 cm zu. Das gleiche wiederholen wir mit dem gelben Kreppapier.

6. Danach kleben wir einen Streifen zu einem Ring zusammen. Wir schieben einen zweiten Streifen durch diesen Ring hindurch und kleben ihn ebenfalls an den Enden aneinander. So fahren wir fort, bis eine Kette aus etwa 20 Ringen entstanden ist. Wichtig: Grüne und gelbe Ringe wechseln sich hierbei regelmäßig ab.

7. Für den Schlangenschwanz werden 3 grüne und 3 gelbe Streifen mit den Maßen 5 x 22 cm zugeschnitten. Wir kleben sie aneinander und verbinden sie mit dem Schlangenkörper.

8. An das vordere Ende der Kette kleben wir nun den Kopf der Schlange.

9. Um das Phantasietier aufzuhängen, bringen wir 3 Nähgarnfäden an. Den ersten Faden ziehen wir mit der Nadel in das Kopfteil ein. Der zweite Faden wird an das Schwanzende geknotet und der dritte durch den mittleren Ring des Körperteils gezogen.

10. Mit Reißnägeln befestigen wir die fertige Schlange an der Zimmerdecke.

Drache

1. Wir übertragen vom Vorlagebogen den Kopf des Drachen auf das dunkelgrüne und die Nase auf das hellgrüne Tonpapier. Die Augen und die Nasenlöcher pausen wir auf das gelbe Tonpapier ab. Dann schneiden wir die Teile zu.

2. Die Pupillen werden aus einem dunklen Tonpapierrest zugeschnitten und die spitze Drachenzunge entsteht aus dem roten Tonpapier.

3. Anschließend ordnen wir die Teile auf dem Drachenkopf an und kleben sie fest.

4. Mit dem schwarzen Filzstift sowie dem Silberstift malen wir den Mund und die Zähne auf und ziehen die Rillen in den Hörnern nach.

5. Der Körper des Drachen wird auf die gleiche Weise wie der Schlangenkörper hergestellt, nur verwenden wir diesmal blaues statt gelbes Kreppapier als zweite Farbe für die Ringe.

6. Ebenso wie die Schlange wird auch der Drache an 3 Nähgarnfäden aufgehängt.

Kinderfasching 35

Sterngucker

ab 4 Jahren

> **leere Toilettenpapierrolle
> Klebstoff
> 2 Stücke Klarsichtfolie
> (10 x 10 cm)
> kleine und große Dekosterne
> in unterschiedlichen Farben
> Regenbogen- oder
> Geschenkpapier
> Bleistift
> Schere**

Wenn wir in einen dieser Sterngucker hineinschauen und ihn gegen das Licht halten, können wir sie erkennen: kleine, bunte Sternchen in unterschiedlichen Formen und Größen, die ihre Stellung verändern, sobald wir den Sterngukker drehen oder schütteln.
Ein Spaß, der nicht viel kostet und schnell anzufertigen ist.

1. Wir bestreichen die Toilettenpapierrolle an einem Rand ca. 3 cm breit mit Klebstoff und stellen sie hochkant mittig auf das erste Stück Klarsichtfolie.

2. Dann wird die Folie an der Rolle hochgezogen und fest angedrückt.

3. In die Öffnung oben geben wir die verschiedenfarbigen kleinen und großen Dekosterne hinein.

4. Anschließend bestreichen wir die Rolle am oberen Rand etwa 3 cm breit mit Klebstoff.

5. Das zweite Stück Klarsichtfolie legen wir glatt über die Öffnung und drücken es an der Außenwand fest. Dabei achten wir darauf, daß es rundherum gut anliegt.

6. Nun beziehen wir die Rolle mit einem hübschen Papier. Das kann ein Stück Regenbogenpapier sein oder ein Rest Geschenkpapier. Wir legen die Rolle auf die Rückseite des Papiers und zeichnen mit dem Bleistift die Breite des Streifens an. Um die Länge festzulegen, wird die Rolle einmal ganz in das Papier gewickelt. Wir markieren die Stelle und schneiden den Papierstreifen aus.

7. Dann bestreichen wir die Rolle mit Klebstoff und drücken den Papierstreifen rundum glatt an.

36 Kinderfasching

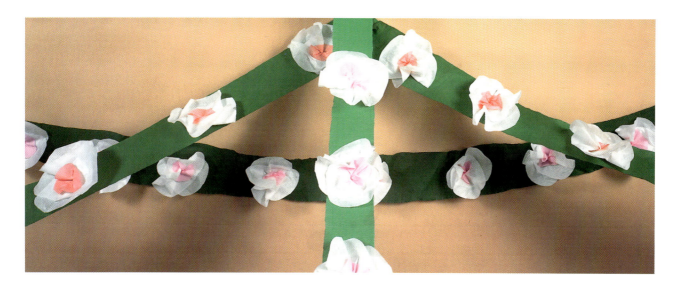

Blütengirlande

ab 4 Jahren

> dünne Pappe
> Pauspapier
> Bleistift
> Schere
> weißes Seidenpapier
> rosafarbenes Seidenpapier
> Glas (Randdurchmesser 9 cm)
> grünes Kreppapier
> Hefter

Während die Blüten und Blätter an den Bäumen noch eine Weile auf sich warten lassen, zaubert diese frische Blütengirlande eine erste Frühlingsahnung in unser Haus. Wir können die Girlande an der Balkon- oder Terassentür befestigen oder einen ganzen Raum mit ihr dekorieren.

1. Um eine Schablone herzustellen, nach der wir die Blütenblätter zuschneiden können, pausen wir die Vorlage von Seite 204 auf die dünne Pappe ab und schneiden die Form aus.

2. Dann falten wir den Bogen weißes Seidenpapier zwei- bis dreimal zusammen, legen die Schablone auf und schneiden das Seidenpapier um die Pappe herum zurecht.

3. Jetzt legen wir das rosafarbene Papier vierfach zusammen und schneiden einen Kreis mit einem Durchmesser von etwa 9 cm aus. Dazu stellen wir das Glas umgekehrt auf das Papier und umfahren den Rand mit dem Bleistift.

4. Aus dem grünen Kreppapier schneiden wir danach einen etwa 12 cm breiten Streifen in der Länge unserer Girlande zu.

5. Für eine Blüte legen wir 2 der weißen Blütenblätter über Kreuz aufeinander und setzen einen rosafarbenen Kreis in die Mitte. Wir fassen die Blüte von unten, drücken sie mit dem Zeigefinger von oben leicht in der Mitte ein und drehen sie etwas zusammen, so daß sich die Blütenblätter heben.

Dann klammern wir die Blüte an der Unterseite mit dem Hefter auf dem grünen Kreppstreifen fest.

6. Die nächste Blüte bringen wir in einem Abstand von etwa 20 cm an.

7. Die Länge der Girlande hängt von der Raumhöhe und der Art der übrigen Dekoration ab. Wir können auch Blüten in mehreren Farben auf dem Kreppapierstreifen befestigen.

Kinderfasching

Jägerhut

ab 5 Jahren

| Tapetenrest oder ein Stück farbiges Papier (ca. 38 x 38 cm) Lineal | Bleistift Schere Gummiband dicke Nadel |

38 Kinderfasching

Der Jägerhut kann selbst noch in allerletzter Minute vor Beginn des Faschingsfestes angefertigt werden. Wir benötigen für ihn nur einen Tapetenrest oder ein Stück Papier, das mindestens 38 x 38 cm groß ist.

1. Mit dem Lineal zeichnen wir ein Quadrat mit den Maßen 38 x 38 cm auf das Papier und schneiden es aus.

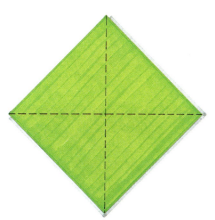

2. Wir falten das Papier zweimal diagonal in der Mitte und klappen die Faltungen wieder auf.

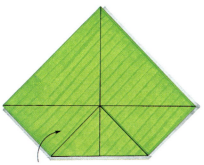

3. Nun falten wir die untere Ecke des Quadrats auf die waagerechte Mittellinie.

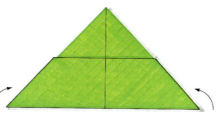

4. Anschließend wird die untere Papierkante an der Mittellinie nach oben geklappt.

5. Wir wenden die Figur und falten die rechte und linke Spitze auf die obere Ecke. Die Kniffe werden fest nachgestrichen.

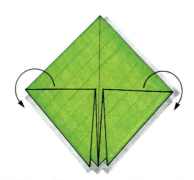

6. Die beiden oberen Spitzen klappen wir nun zur Hälfte nach unten.

7. Die jetzt unten liegenden Spitzen klappen wir wie 2 Flügel nach außen.

8. Die obere Hälfte der Form falten wir an der Mittellinie nach unten und klappen sie zu 2 Dritteln wieder nach oben.

9. Die obere Ecke knicken wir so nach unten, daß sie bündig mit der oberen Kante der Figur abschließt.

10. Der Jägerhut ist fertig. Wir brauchen ihn nur noch umzudrehen und etwas auseinanderzubiegen.

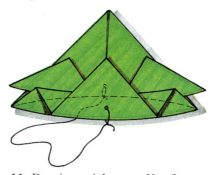

11. Damit er nicht vom Kopf herunterfällt, ziehen wir an beiden Seiten ein Gummiband mit einer dicken Nadel ein und verknoten es an den Enden. Die Länge des Bandes messen wir am Kopf des „Jägers" ab.

Kinderfasching 39

40 Kinderfasching

Hammerhai

ab 5 Jahren

- weißes Schreibmaschinenpapier
- Pauspapier
- Bleistift
- Schere
- graues Tonpapier
- Klebstoff
- schwarzer Filzstift
- ovale Käseschachtel
- Lochzange
- Gummiband
- Teelöffel
- schwarze Tinte
- 1 kleine Dose weiße Hautcreme (z.B. von Nivea)

Im Meer ist der Hammerhai ein gefürchteter Räuber. An Land scheinen Vertreter dieser außergewöhnlichen Haiart eher Appetit auf Süßigkeiten zu haben, die sie mit Hilfe ihrer Vorderflossen ins Maul befördern.

1. Wir übertragen das Gebiß des Haies vom Vorlagebogen auf das weiße Schreibmaschinenpapier und schneiden es aus. Für ein kleines Gebiß können wir auch nebenstehende Zeichnung abpausen.

2. Dann pausen wir die Kopf- und die Flossenteile auf das graue Tonpapier ab und schneiden sie ebenfalls aus.

3. Auf das Kopfteil der Unterseite kleben wir das Gebiß auf, und auf das Kopfteil der Oberseite malen wir die seitlich liegenden Augen des Haifisches.

4. Dann drücken wir den Boden der Käseschachtel heraus, so daß nur noch der Pappring übrig bleibt. An diesem Ring kleben wir das obere Kopfteil an dem dafür vorgesehenen Streifen fest (siehe Zeichnung).

5. Das untere Kopfteil kleben wir anschließend auf das obere Kopfteil und befestigen es ebenfalls an dem Streifen auf dem Pappring.

6. Um das Haifischmaul aufsetzen zu können, stanzen wir mit der Lochzange in die Schmalseiten 2 Löcher und knoten ein 20 cm langes Gummiband an.

7. Die beiden Rückenflossenteile falten wir zuerst an der gestrichelten Linie und kleben sie danach zusammen. In die Mitte der oberen Kante stanzen wir ein Loch, in das wir ein 20 cm langes Gummiband einziehen.

8. Nun stanzen wir in den oberen Rand der beiden Brustflossen je 2 Löcher. In jede Flosse wird dann ein 15 cm langes Gummiband eingezogen und an den Enden verknotet.

9. Für die graue Schminke rühren wir mit dem Teelöffel 7 bis 10 Tropfen schwarze Tinte in die weiße Hautcreme ein. Vor dem Verkleiden verteilen wir die Schminke auf Gesicht und Hände und reiben sie leicht ein. Die Haifischschminke ist gut abwaschbar, und sie läßt sich auch leicht mit Wasser und Seife aus der Kleidung entfernen.

Das Kopfteil kann mit dem Gebiß nach oben wie nach unten getragen werden. Oben liegende Haifischzähne sind zwar streng genommen ein anatomischer Sonderfall, dafür sind sie so deutlicher zu erkennen.

Kinderfasching

Fransengirlande

ab 5 Jahren

> Stoffreste
> Stoffschere oder Zackenschere
> Baumwollgarn
> Nadel
> leere Haushaltspapierrolle

Ein schöner Raum- und Gartenschmuck, der zu vielen Festen paßt, ist diese Fransengirlande. Sollte sie im Freien einmal naß werden, läßt man sie einfach hängen. Wie Wäsche an der Leine trocknen die Fransen wieder, und die Girlande kann erneut verwendet werden.
Stoffreste für die Fransen erhalten wir in einer Schneiderei oder bei einer Hobbyschneiderin. In einem Einrichtungsfachgeschäft kann man auf Anfrage eine Auswahl geeigneter Musterstoffe bekommen.

1. Wir schneiden mindestens 30 bis 40 Stoffstreifen unterschiedlicher Länge und Breite zu. Dafür können wir eine normale Stoffschere oder eine Zackenschere verwenden.

2. Danach messen wir die Länge der Girlande ab. Am einfachsten geht das, wenn wir das Baumwollgarn, an dem wir die Fransen befestigen wollen, quer durch das Zimmer oder den Garten spannen, in dem wir die Girlande später aufhängen wollen. So können wir sicher sein, daß wir das Garn in der richtigen Länge zuschneiden.

3. Nun fädeln wir das Garn in die Nadel ein und ziehen nacheinander die Stoffstreifen auf. Dazu nähen wir an der oberen Kante

eines jeden Streifens einen Vorstich. Zwischen den Streifen lassen wir einen Abstand von 3 bis 5 cm frei.

4. Die fertige Girlande hängen wir im Zimmer oder im Garten auf. Die Gäste werden sich an den bunten Fransen, die beim kleinsten Windhauch flattern, erfreuen.

5. Zum Aufbewahren wickeln wir die Girlande über eine leere Haushaltspapierrolle, damit sich das Garn nicht verknotet.

Girlande: Orientalische Stadt

ab 5 Jahren

Faltpapier in verschiedenen
Farben (20 x 20 cm)
Pauspapier
Bleistift
Schere
Hefter
Klebstoff

Wer besonders schnell mit dem Zuschneiden seiner Girlande fertig sein will, wendet einen kleinen Trick an: Man legt einfach vier Blatt Papier übereinander und schneidet so das Motiv gleich mehrfach aus. Damit sich die Blätter während des Schneidens nicht verschieben, heften wir sie an drei Punkten, die nicht zum Motiv gehören, zusammen.

1. Zuerst übertragen wir das Motiv „Orientalische Stadt" von Seite 205 auf ein Faltblatt.

2. Dann ordnen wir 3 weitere Blätter genau übereinander an und legen das Blatt mit der Motivzeichnung obenauf. Entlang der oberen Kante heften wir den Blätterstapel sorgfältig an 3 Punkten zusammen.

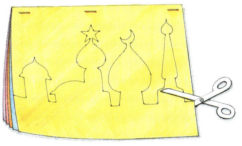

3. Die Silhouette der Zinnen und Türme wird nun vorsichtig mit der Schere ausgeschnitten.

4. Um eine Girlande zu erhalten, kleben wir die Blätter an den Seiten aneinander. Hierbei lassen wir jeweils den letzten Turm eines Blattes das erste Gebäude des nächsten Blattes ein wenig überlappen.

Kinderfasching 43

44 Kinderfasching

Ansteckfiguren

ab 4 Jahren

> Pfeifenputzer
> Schere
> Lederrest
> Kugelschreiber
> Klebstoff
> 4 kleine Holzperlen
> (Durchmesser 0,5 cm)
> 1 große Holzperle
> (Durchmesser 1,5 cm)
> schwarze Wolle
> kleiner Lederstreifen
> kleine Feder
> Anstecknadel

Eine tolle Überraschung für die Gäste unser Faschingsparty: Kleine Figuren, die man sich an den Pullover oder das T-Shirt steckt. Der Indianer ist unsere Grundfigur. Wer ihn anfertigen kann, ist auch in der Lage, die anderen Püppchen herzustellen.

Indianer

1. Aus den Pfeifenputzern schneiden wir ein Stück von 3,5 cm Länge für die Arme und ein Stück von 9 cm Länge für die Beine zu.

2. Wir knicken das Beinteil zur Hälfte zusammen und schieben das Armteil so durch die entstandene Schlaufe, daß es genau in der Mitte sitzt.

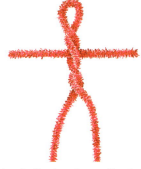

3. Oberhalb des Armteils drehen wir das etwas überstehende Pfeifenputzerteil der Beine schraubenförmig zusammen. Das ist der Hals des Indianers.

4. Unterhalb des Armteils drehen wir die Beine ebenfalls schraubenförmig zusammen, um die Arme zu fixieren.

5. Für den Poncho falten wir das Lederrechteck zur Hälfte und schneiden es an der Kante v-förmig für die Halsöffnung ein.

6. Mit Kugelschreiber malen wir Muster am unteren Rand des Ponchos auf, und mit der Schere schneiden wir Fransen ein.

7. Wir schmücken die große Perle mit Haaren aus Wollfäden und einem Stirnband aus einem dünnen Lederstreifen. In das Band schieben wir eine kleine Feder.

8. Danach stülpen wir den Poncho über die Figur und kleben auf die Enden der Pfeifenputzer 4 kleine Perlen als Hände und Füße.

9. Wir bestreichen das Halsteil mit etwas Klebstoff und stecken darauf die Perle für den Kopf.

10. Zum Schluß kleben wir die Anstecknadel am Rücken des Indianers fest.

Welche Figur wir mit Pfeifenputzern und Perlen darstellen, hängt ganz vom Dekorationsmaterial ab. Statt Indianern, Eskimos und Chinesen können wir beispielsweise auch Märchenfiguren anfertigen wie Zwerge, Zauberer, Prinzessinnen und Hexen.

Kinderfasching

Schöne Sachen fürs Kinderzimmer

Frühlingsbild

ab 6 Jahren

1 Bogen grünes Tonpapier (DIN A4)	Klebstoff
Pauspapier	bunte Seidenpapierreste
Bleistift	1 Glas
Schere	1 Bogen grünes Seidenpapier (DIN A4)
1 Bogen weißes Seidenpapier (DIN A4)	Watte

48 Schöne Sachen fürs Kinderzimmer

Ein Fensterbild, auf dem die ersten blühenden Pflanzen des Jahres zu sehen sind, bringt den Frühling ins Kinderzimmer. Da man die Klebestellen später im Gegenlicht sieht, sollte man bei dieser Bastelarbeit besonders sparsam mit Klebstoff umgehen.

1. Zuerst übertragen wir den Grasrahmen für unser Bild vom Vorlagebogen auf das grüne Tonpapier und schneiden ihn aus. Entlang des unteren Rahmenrandes schneiden wir das Papier innen bis zur angegebenen Linie fransig ein, so daß es wie Gras aussieht.

2. Dann kleben wir den Rahmen auf weißes Seidenpapier. Außen überstehende Papierreste schneiden wir ab.

3. Auf gelbes Seidenpapier übertragen wir nun das Blütenteil für die Osterglocken und schneiden die Form aus.

Osterglocke

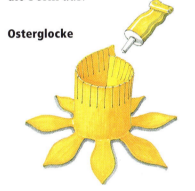

4. Wir knicken die Blütenblätter der Osterglocke einmal kurz nach oben und kleben dann den Streifen so zusammen, daß eine Röhre entsteht. Der obere Rand der Osterglockenblüte wird fransig eingeschnitten.

5. Anschließend übertragen wir die Quadrate für die Tulpen, die Schneeglöckchen und die Krokusse auf die bunten Seidenpapierreste und schneiden sie aus.

Tulpe

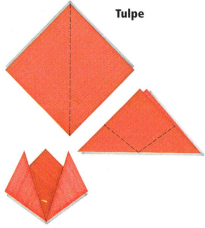

6. Für die Tulpen falten wir das große Quadrat vom Vorlagebogen einmal diagonal zum Dreieck zusammen. Die rechte und linke Spitze des Dreiecks klappen wir schräg nach oben.

Schneeglöckchen

7. Die Schneeglöckchen falten wir genauso wie die Tulpen, nur ziehen wir diesmal die Spitzen weiter nach außen, damit die Blüte glockenförmig aussieht.

Krokus

8. Für die Krokusse wiederholen wir abermals die Tulpenfaltung. Um eine schmale Blüte zu erhalten, falten wir die rechte und linke Spitze der Grundform nahezu senkrecht nach oben.

9. Für die Anemonenblüte zeichnen wir mit Hilfe eines Glases Kreise auf das bunte Seidenpapier und schneiden sie aus. Die Kreise knüllen wir danach zu einer Blütenform zusammen. Ein kleines Stück gelbes Seidenpapier formen wir zu einer Kugel und kleben es in die Mitte unserer Anemonenblüte.

10. Nun schneiden wir aus grünem Seidenpapier verschiedenartige Blätter für unsere Blumen aus. Die Osterglocken- und Tulpenblätter erhalten eine lange, ovale Form, während die Blätter der Schneeglöckchen und Krokusse kurz und gerade zugeschnitten werden. Einige der Blätter können wir auch fransenförmig einschneiden.

11. Nun fehlen noch die Blumenstengel. Pro Stengel schneiden wir vom grünen Seidenpapier einen etwa 1 cm breiten Streifen ab. Wir rollen den Streifen, bis er sich ein wenig verdrillt.

12. Jetzt ordnen wir die Blüten harmonisch auf dem Bild an. Sobald wir zufrieden sind, kleben wir sie fest. Die Osterglocken erhalten zur Verzierung kleine Schneehauben aus Watte. Danach fixieren wir an jeder Blüte einen Stengel; das untere Ende der Stengel befestigen wir jeweils unter dem Grasrand des Rahmens. Anschließend legen wir die Blätter an die Blüten und Stengel an und kleben sie auf.

Schöne Sachen fürs Kinderzimmer 49

Türschilder

ab 4 Jahren

> Geschenkpapier oder Kalenderblatt mit kleinen Motiven
> Schere
> Fotokarton
> Klebstoff
> Lochzange oder Stopfnadel
> Geschenkband

Ein hübsches Türschild zeigt jedem Besucher, wo sich das Reich der Kinder befindet. Gleichzeitig fordert es den Gast freundlich auf, anzuklopfen und einzutreten.

1. Wir wählen ein schönes Motiv aus einem Kalenderblatt oder einem Geschenkpapier und schneiden es in unregelmäßigen Rundungen aus.

2. Dann zerschneiden wir das Bild mehrmals in geraden Linien wie ein Puzzlespiel.

3. Die einzelnen Puzzleteile kleben wir so auf den Fotokarton, daß zwischen ihnen ein Abstand von ungefähr 3 mm frei bleibt.

4. Danach schneiden wir den Fotokarton entlang des neuen Bildes wie einen Rahmen zurecht. Der überstehende Rand darf dabei verschieden breit ausfallen.

5. Mit der Lochzange stanzen wir 2 Löcher in den oberen Rand des Türschildes. Wenn keine Lochzange zur Verfügung steht, stechen wir die Löcher mit einer dicken Stopfnadel in den Rahmen.

6. Für die Aufhängung fädeln wir nun ein Geschenkband durch die Löcher und verknoten es auf der Rückseite des Bildes. Wer möchte, bindet die Bandenden zu einer Schleife.

Seehundmobile

ab 4 Jahren

> 6 Wattekugeln
> 6 Holzspieße
> Plakafarben in Gelb, Rot, Grün, Blau und Violett
> Schälchen
> Pinsel
> Styroporplatte oder Glas
> grauer Fotokarton
> Pauspapier
> Bleistift
> Schere
> schwarzer Filzstift
> weißes Papier
> Klebstoff
> Nadel und Faden

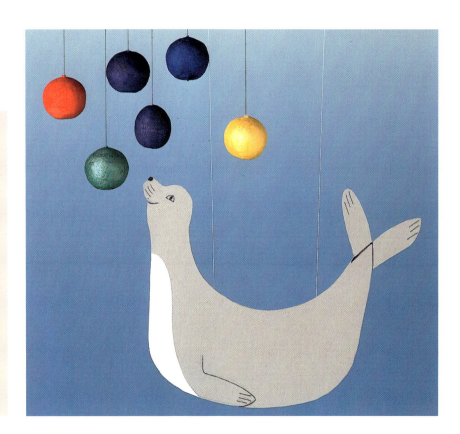

Es ist faszinierend zu beobachten, mit welcher Geschicklichkeit die großen und scheinbar schwerfälligen Seehunde mit Bällen jonglieren können.
Dieses Mobile hält die Erinnerung an einen aufregenden Zirkusbesuch noch lange wach.

1. Wir nehmen eine Wattekugel und stecken sie auf einen Holzspieß. Danach gießen wir etwas von der gelben Farbe in das Schälchen und bestreichen das Watteböllchen mit dem Pinsel von allen Seiten mit der Farbe. An dem Holzspieß läßt sich das Bällchen leicht hin und her drehen.

2. Sobald das erste Bällchen rundum bemalt ist, drücken wir es zum Trocknen an dem Spieß in die Styroporplatte oder stellen es aufrecht in das Glas.

3. Danach stecken wir das nächste Bällchen auf einen Holzspieß und bemalen es mit roter Farbe. Wichtig: Den Pinsel müssen wir nach jedem Farbwechsel gründlich auswaschen.

4. Die weiteren Bällchen malen wir grün, blau und violett an.

5. Anschließend pausen wir den Seehund vom Vorlagebogen auf den grauen Fotokarton ab und schneiden ihn aus. Mit dem schwarzen Filzstift malen wir Nase, Auge, Schnurrbarthaare, Flosse und Zehen auf die Figur.

6. Den weißen „Brustlatz" pausen wir zweimal auf das weiße Papier ab und schneiden beide Teile aus. Je einen Brustlatz kleben wir auf der Vorder- wie der Rückseite des Seehundes auf.

7. In die fertige Figur ziehen wir mit der Nadel 1 oder 2 Fäden ein.

8. Dann hängen wir den Seehund an einer geeigneten Stelle im Kinderzimmer auf und ordnen rund um ihn die ebenfalls mit Fäden versehenen Wattebällchen an, so daß es aussieht, als jongliere er mit ihnen.

Schöne Sachen fürs Kinderzimmer 51

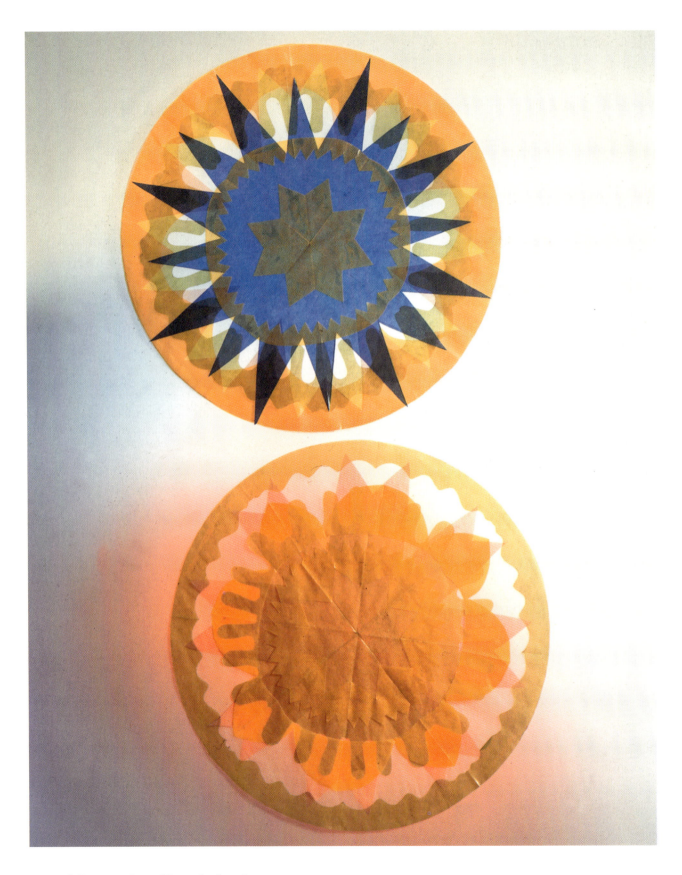

52 Schöne Sachen fürs Kinderzimmer

Rundes Fenster-transparent

ab 6 Jahren

1 Blatt weißes Drachen-
papier (DIN A4)
Schüssel
schwarzer Filzstift
Schere
verschiedenfarbige Blätter
Drachenpapier (DIN A4)
Klebstoff
doppelseitiges Klebeband
Nadel
Faden

Runde Fenstertransparente entfalten ihre Wirkung durch das Zusammenspiel von Licht, Form und Farbe. Man kann sie in verschiedenen Größen anfertigen, ohne daß sich etwas an der Herstellungsart ändert.

1. Für die Grundform des Fenstertransparents nehmen wir das weiße Drachenpapier, stellen darauf umgekehrt die Schüssel und umfahren sie am Rand entlang mit dem Filzstift. Den so entstandenen Kreis schneiden wir aus.

2. Ebenso zeichnen wir auf jedes der farbigen Drachenpapierblätter mit der Schüssel einen Kreis und schneiden ihn aus.

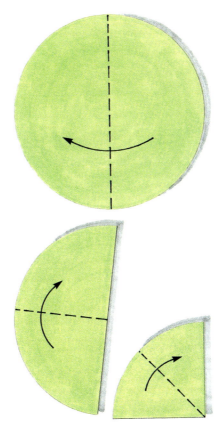

3. Die bunten Kreise falten wir nun wie folgt: Wir knicken jeden Kreis zuerst zur Hälfte, dann zum Viertel und falten ihn zum Schluß zum Achtel.

4. Mit dem Filzstift zeichnen wir anschließend auf die Achtel verschiedene Bandmuster. Pro Achtel können wir mehrere Muster aufmalen. Die Zeichnungen auf dieser Seite zeigen verschiedene Motivvorschläge als Anregung.

5. Danach schneiden wir die Muster aus und öffnen die Faltungen. Es entstehen unterschiedliche Ring-, Kreis- und Sternformen.

6. Nacheinander kleben wir die Formen auf den weißen Grundkreis. Dabei beginnen wir mit dem größten Musterring. Den Abschluß bildet eine kleine Sternform, die wir in die Mitte des Fenstertransparents kleben.

7. Das fertige Bild befestigen wir mit einem kleinen Stück doppelseitigem Klebeband direkt an der Fensterscheibe, oder wir ziehen am Rand des Bildes mit der Nadel einen Faden ein und hängen es auf.

Schöne Sachen fürs Kinderzimmer

Löwenbild

ab 5 Jahren

> gelbes Tonpapier (30 x 25 cm)
> Pergamentpapier
> Bleistift
> Schere
> alte Zeitungen
> Kugelschreiber
> orangefarbener Wachsmalstift
> schwarzer und grüner Filzstift
> karamelfarbene und gelbe Märchenwolle
> Klebstoff
> schwarzer Tonkarton (35 x 35 cm)
> Papiermesser

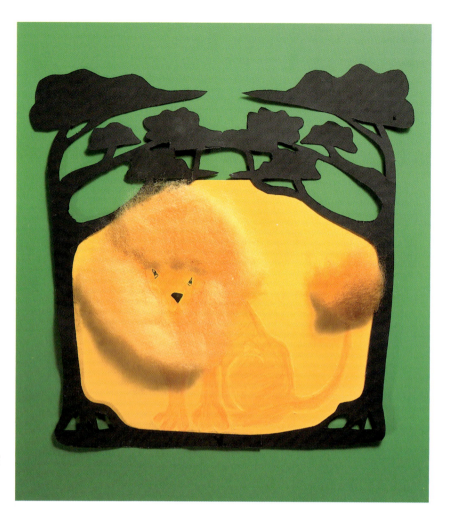

Ein Löwe mit mächtiger Mähne sitzt, aufmerksam die Gegend betrachtend, unter den Bäumen der Savanne.
Ein schönes Bild, das sicher einen besonderen Platz an der Wand des Kinderzimmers erhält.

1. Wir pausen das Löwenmotiv vom Vorlagebogen auf Pergamentpapier ab und übertragen es auf das gelbe Tonpapier.

2. Danach legen wir ein paar alte Zeitungen unter das Papier und fahren unsere Linien mit dem Kugelschreiber nochmals kräftig nach. Die Konturen sollen sich gut auf der anderen Seite durchdrücken. Die Nase und das Innere der Ohren malen wir ganz aus. Dadurch wird jeweils die ganze Fläche durchgedrückt.

3. Anschließend drehen wir das Papier um und malen den Löwen mit dem orangefarbenen Wachsmalstift an.

4. Die Nase malen wir danach mit schwarzem Filzstift aus, und die Pupillen zeichnen wir mit grünem Filzstift ein.

5. Für die Schwanzquaste zupfen wir einen kleinen Bausch aus der karamelfarbenen Märchenwolle heraus und kleben ihn auf.

6. Danach zupfen wir die gelbe Märchenwolle in längliche Streifen und kleben sie neben- und untereinander als Mähne rund um das Löwengesicht auf.

7. Nun übertragen wir vom Vorlagebogen den Rahmen mit den Savannenbäumen auf Tonkarton und schneiden ihn mit dem Papiermesser aus.

8. Wir kleben den Rahmen so auf das Bild, daß der Löwe genau unter den Bäumen sitzt. Seitlich überstehende Teile des Löwenbildes schneiden wir vorsichtig ab.

Webbild auf Fahrradfelge

ab 5 Jahren

> 1 alte Fahrradfelge
> Paketschnur
> Schere
> Webnadel
> Webschiffchen
> verschiedenfarbige Wollreste
> Perlen, Knöpfe, Holzringe,
> Federn, Zweige und sonstige
> Dekomaterialien

Das Webbild sieht nicht nur als Wandbehang hübsch aus, es eignet sich auch als Dekoration für ein großes Fenster.
Wenn man zu Hause kein altes Rad hat, kann man in einem Fahrradgeschäft eine gebrauchte Felge erhalten.

1. Zunächst bespannen wir die Felge mit Paketschnur. Hierfür ziehen wir ein Ende der Schnur durch eines der Löcher in der Felge zum genau gegenüberliegenden Loch. Dann führen wir die Schnur durch das nächste Loch links in der Felge zu dem Loch zurück, das rechts vom Ausgangsloch liegt. So fahren wir fort, bis die ganze Felge bespannt ist.

2. Die Schnurenden verknoten wir miteinander und benützen sie später als Aufhängung.

3. Gewebt wird wie folgt: Zuerst fädeln wir ein etwa 1 m langes Stück Schnur auf die Webnadel und verweben es rund mit den in der Mitte gekreuzten Spannfäden. Weitere Runden weben wir aus verschiedenfarbigen Wollresten um die Mitte der Felge.

4. Dann weben wir frei gestaltete Webfiguren auf den Rahmen. Um die Anfangs- und Schlußfäden zu fixieren, werden sie jeweils mit einer Spannschnur verknotet.

5. Perlen, Knöpfe und Holzringe werden zuerst auf die Webfäden aufgefädelt und dann mit eingewoben. Federn, Zweige und sonstige Dekorationsmaterialien knoten wir direkt mit einem Faden an die Spannschnüre.

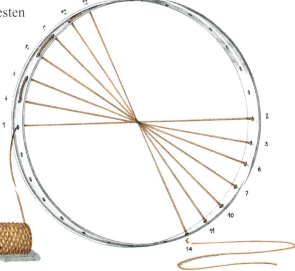

Schöne Sachen fürs Kinderzimmer 55

Geburtstagskalender mit Fesselballons

ab 4 Jahren

1 Bogen weißer Fotokarton (DIN A2)
blaue Plakafarbe
Malkittel
alte Zeitungen
Schale mit Wasser
breiter Pinsel
Tonpapier
in verschiedenen Farben
Pauspapier
Bleistift
Schere
Wellpappe
in verschiedenen Farben
Fotos unserer Freunde
und Freundinnen
Klebstoff
schwarzer Filzstift
Reißnägel

In jeder Gondel des hübschen Wandbildes sitzt ein guter Freund von uns, dessen Geburtstag wir auf keinen Fall vergessen dürfen. Wenn wir das Datum auf den Ballon schreiben, werden wir uns rechtzeitig an seinen Ehrentag erinnern.

1. Zuerst bemalen wir den Fotokarton mit blauer Farbe. Dazu ziehen wir unsere Malkittel an und decken die Arbeitsfläche mit alten Zeitungen ab. Die blaue Farbe vermischen wir in der Schale mit etwas Wasser.

2. Mit einem breiten Pinsel wird nun die Farbe auf den Fotokarton aufgetragen. Den gleichmäßig bemalten Karton lassen wir gründlich trocknen.

3. In der Zwischenzeit legen wir fest, wie viele Freunde auf dem Geburtstagskalender erscheinen sollen. Pro Freund beziehungsweise Freundin übertragen wir einen Ballon vom Vorlagebogen auf eines der farbigen Tonpapiere und schneiden ihn aus.

4. Damit jeder Ballon eine passende Gondel erhält, pausen wir danach die Gondelform vom Vorlagebogen auf die Rückseite der Wellpappe ab und schneiden sie ebenfalls aus.

5. Sämtliche Ballons und Gondeln legen wir nun auf den getrockneten Karton und verschieben sie so lange, bis uns die Anordnung gefällt. Wir schneiden die Fotos unserer Freunde passend zurecht und setzen in jede Gondel eines der Bilder hinein.

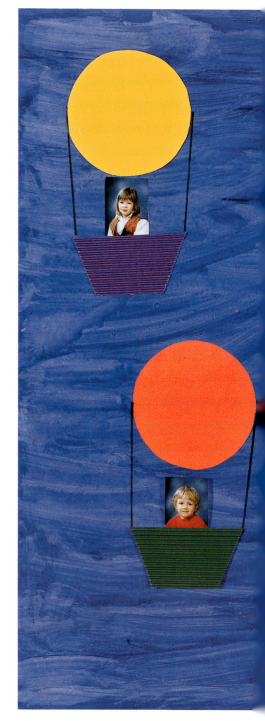

6. Anschließend kleben wir die Teile auf dem Fotokarton fest. Mit schwarzen Strichen verbinden wir je einen Ballon und eine Gondel.

7. Auf die Ballons schreiben wir die Namen unserer Freunde und setzen die passenden Geburtstage hinzu.

8. Der fertige Kalender wird mit Reißnägeln an der Wand befestigt.

Schöne Sachen fürs Kinderzimmer

Tastmemory

ab 6 Jahren

Tonkarton
Bleistift
Schere
mindestens 10 Paar leicht zu ertastende kleine Gegenstände wie zum Beispiel: Streichhölzer, Knöpfe, Pfennigstücke, Briefmarken, Stoffreste, Nüsse, Wollfäden, Büroklammern, Gardinenringe und Korkenstücke
Klebstoff
1 farbige Schachtel mit Deckel (20 x 20 cm)
Zirkel
1 alte Socke

Ein gutes Gedächtnis haben wir alle, aber wie sieht es mit unserem Tastsinn aus? Können wir zueinander passende Dinge nur durch Fühlen erkennen?
Mit dem Tastmemory werden wir es schnell herausfinden. Die Regeln sind leicht zu erklären, so daß sich auch kleinere Kinder an dem Spiel beteiligen können.

Karten

1. Zuerst schneiden wir aus dem Tonkarton 20 bis 40 Quadrate mit den Maßen 6 x 6 cm zu. Tip: In einem Fachgeschäft für Zeichenbedarf können wir uns die Karten an der Schneidemaschine zuschneiden lassen. Das geht schneller als der Zuschnitt von Hand, und die Karten haben alle genau dieselbe Form.

2. Danach werden die Karten paarweise mit kleinen Gegenständen beklebt. Auf die ersten 2 Quadrate setzen wir zum Beispiel je ein Streichholz. Das nächste Pärchen wird mit Knöpfen verziert. Es folgen Pfennigstücke, Briefmarken, Stoffreste, Nüsse, Wollfäden und Büroklammern. Besonders hinterlistige Spielemacher bauen kleine „Fallen" ein. Sie bilden einander ähnliche Pärchen, indem sie Wollfäden verschiedener Stärke verwenden, unterschiedliche Knopfsorten aufkleben oder gleich große Münzen verschiedener Währungen aussuchen.

Schachtel

1. Für das Tastloch zeichnen wir mit dem Zirkel auf eine Seite des Kartons einen Kreis mit einem Durchmesser von 10 cm.

2. Mit der Schere stechen wir zuerst in die Mitte des Kreises ein Loch und schneiden dann vorsichtig die Form aus.

3. Nun trennen wir von der alten Socke den Fuß ab.

4. Wir wenden das Sockenteil und kleben es an den Schnitträndern innen rund um das Tastloch fest. Wenn der Klebstoff getrocknet ist, stülpen wir das Sockenteil nach außen um. Das ist der Greiftunnel, durch den die Spieler in das Innere des Kartons fassen, um die Karten zu ertasten.

Spielregeln

1. Eine Hälfte der Kartenpaare legen wir offen auf den Tisch, die andere Hälfte wird in der Schachtel versteckt.

2. Der erste Spieler sucht sich eine Karte aus dem offen auf dem Tisch liegenden Kartenhaufen heraus, benennt und befühlt sie und greift dann durch den Sockentunnel in die Schachtel hinein. Dort versucht er, die passende Karte zu ertasten und herauszuziehen.

3. Wenn es die richtige Karte ist, darf er sie behalten und kann sein Glück ein zweites Mal versuchen. Hat er sich dagegen geirrt, wird die gezogene Karte wieder zurück in die Schachtel gelegt.

4. Gewonnen hat der Spieler, der zum Schluß die meisten Kartenpaare besitzt.

Schöne Sachen fürs Kinderzimmer 59

Glockenspiel aus Ton

ab 4 Jahren

> Ton
> Wachstuchdecke
> Küchenrolle
> Becher (Randdurchmesser ca. 9 cm)
> feuchtes Tuch
> Plastikfolie
> Messer
> Holzzahnstocher
> Tablett
> fester Karton
> Kordel
> Nadel

Aus Ton schöne Dinge zu gestalten macht großen Spaß. Allerdings sollten wir vor dem Kauf herausfinden, wo wir die fertigen Werke brennen können. Schulen, Jugendgruppen und große Bastelgeschäfte sind oft auf Anfrage dazu bereit.

Wer Ton über einen längeren Zeitraum aufbewahren will, schlägt ihn, mit feuchten Tüchern umwickelt, in Plastikfolie ein. Dadurch wird verhindert, daß die Tonmasse austrocknet.

1. Einen kleinen Klumpen Ton rollen wir auf der Wachstuchdecke zu einer dünnen Platte aus.

2. Mit dem Becher stechen wir ca. 5 Kreise aus. Den restlichen Ton entfernen wir sorgfältig und legen ihn zurück unter das feuchte

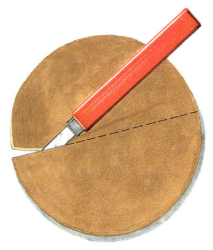

Tuch. Dann schneiden wir die Kreise einmal in der Mitte durch, so daß je 2 Halbkreise entstehen.

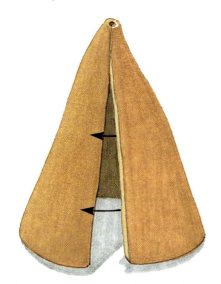

3. Für einen Glockenkegel nehmen wir einen Halbkreis und formen ihn zu einer Tüte. Die Ränder drücken wir vorsichtig aufeinander. Anschließend drücken wir mit dem Zeigefinger nochmals von innen die „Nahtstelle" in der Tüte zusammen.

4. Mit dem Holzzahnstocher stechen wir einmal durch die Spitze des Kegels, um eine Öffnung für die Kordel anzubringen.

5. Ebenfalls mit einem Zahnstocher stechen wir zur Verzierung kleine Punkte in die Außenseite der Form.

6. Auf diese Weise fertigen wir 9 Kegel an und stellen sie auf ein Tablett, das wir mit einem Stück festen Karton abgedeckt haben, zum Trocknen.

7. Als nächstes formen wir 15 bis 20 Tonklümpchen zu kleinen Kugeln und durchbohren sie mit einem Zahnstocher. Wir stellen mehr Perlen her, als wir für das Glockenspiel benötigen, damit wir später die passenden Teile auswählen können.

8. Auf dem Tablett lassen wir die Kegel und die Perlen etwa 2 Wochen an der Luft trocknen. Dann bringen wir sie zum Brennen.

9. Das Glockenspiel wird anschließend wie folgt zusammengestellt: Wir ziehen die Kordel auf die Nadel und machen etwa 5 cm vom Ende entfernt einen Knoten. Dann suchen wir eine Perle aus, die frei im Kegel hin und her schwingen kann, und ziehen sie bis zum Knoten auf die Kordel.

10. Danach fädeln wir den Kegel auf und führen ihn so weit herunter, daß die Perle von innen seinen Rand berührt. Wir merken uns die Stelle, an der der Kegel sitzen muß, schieben ihn zurück und machen einen Knoten in die Kordel. Danach probieren wir aus, ob Kegel und Perle richtig hängen und die Glocke klingt.

11. Die nächste Glocke bringen wir in einem Abstand von etwa 6 cm über der ersten Glocke an. Auf diese Weise stellen wir 3 Glockenschnüre mit je 2 bis 4 Tonglocken her.

12. Die Schnüre hängen wir nun in geringem Abstand nebeneinander auf. Ein Windstoß oder leichtes Schwingen am unten heraushängenden Faden bringt das Glockenspiel zum Klingen.

Tip: Wer möchte, setzt zur Zierde kleine Holzperlen auf die Knoten und fädelt dann erst die Tonperlen und die Glockenkegel auf.

Schöne Sachen fürs Kinderzimmer

Oster-
basteleien

Hüpfseilhase

ab 10 Jahren

1 Hüpfseil
alte Zeitungen
Klebstoff
Paketschnur
Wellpappe
Schere
grünes Kreppapier
braunes Tonpapier
Pauspapier
schwarzer Filzstift

Zu den bekanntesten Spielzeugen gehört nach wie vor das Hüpfseil. Als Osterhase verpackt ist es ein hübsches Geschenk für unseren besten Freund oder unsere beste Freundin.

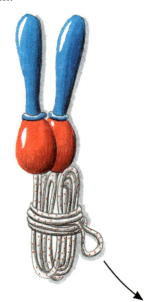

1. Zuerst wickeln wir das Hüpfseil auf: Wir halten die beiden Griffe auf gleicher Höhe und legen das Seil in mehrere ca. 15 cm lange Schlaufen.

64 Osterbasteleien

2. Das Seilende wickeln wir zweimal um das Knäuel, führen es unter dem letzten Seilstrang hindurch und ziehen es fest.

3. Anschließend wird der Hasenkörper geformt: Damit Meister Lampe nicht zu dünn aussieht, polstern wir die Seilrolle mit Zeitungen aus. Wir legen 2 Bogen Zeitungspapier aufeinander und falten sie zu einem etwa 15 cm breiten und 50 cm langen Streifen.

4. Den Papierstreifen wickeln wir um das Hüpfseil und kleben ihn an der seitlichen Kante fest. Mit einem Stück Paketschnur, das wir dem Hasen um den Bauch binden, sichern wir die Zeitungen zusätzlich.

5. Nun schneiden wir aus Wellpappe ein Rechteck mit den Maßen 40 x 17 cm zu.

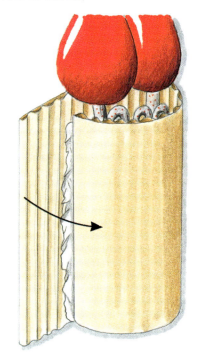

6. Den Wellpappestreifen wickeln wir zweimal um die Zeitungsrolle und kleben ihn an der seitlichen Kante zusammen.

7. Abermals binden wir dem Hasen eine Schnur um den Bauch. Beim Verknoten ziehen wir die Schnur leicht an, so daß eine Taille entsteht.

8. Für das Gras verwenden wir grünes Kreppapier mit den Maßen 60 x 10 cm. Entlang der oberen Kante schneiden wir das Papier in schmale Streifen.

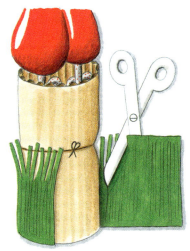

9. Dann kleben wir das Kreppapier mehrfach um den Hasenkörper. Die Seite mit den Fransen zeigt hierbei nach oben.

10. Anschließend übertragen wir von Seite 204 die Abpausvorlage für die Hasenfüße auf braunes Tonpapier und schneiden sie aus.

11. Wir kleben den Hasen auf die Tonpapierfüße und malen ihm mit schwarzem Filzstift Augen und Schnäuzchen auf.

12. Für den Schnurrbart schneiden wir einen Streifen aus braunem Tonpapier seitlich in Fransen und kleben ihn unterhalb des Schnäuzchens an.

Osterbasteleien 65

Tonhasen

ab 4 Jahren

> Ton
> Küchenbrett
> Schaschlikspieß
> Kugelschreiber
> fester Karton

Am besten fertigen wir sie gleich dutzendweise an, denn die Tonhasen sind nicht nur eine hübsche Tischdekoration, sondern auch nette Mitbringsel zur Osterzeit.

1. Aus einem kleinen Stück Ton formen wir ein Oval. Das ist der Hasenkörper.

2. Dann nehmen wir ein um ein Drittel kleineres Tonstück und formen es zu einer Kugel. Das wird der Hasenkopf. Wir drücken die Kugel an das Oval und verstreichen beide Teile gut miteinander.

3. Für die Ohren formen wir aus Ton kleine Rollen und drücken sie mit dem Schaschlikspieß an Kopf und Körper des Hasen fest. Dabei entstehen in der Mitte der Ohren kleine Rillen.

4. Mit dem Kugelschreiber drücken wir bei eingezogener Mine die Augen in den Hasenkopf. Die Barthaare zeichnen wir mit dem Schaschlikspieß ein.

5. Anschließend formen wir aus Ton ein sehr kleines Oval und drücken es hinten als Schwänzchen an den Hasenkörper.

6. Auf festem Karton lassen wir den Hasen 1 Woche lang trocknen. Danach bringen wir ihn zum Brennen in ein Bastelgeschäft oder einen Töpferladen, der diesen Service anbietet.

Ostereier mit Golddraht umwickelt

ab 10 Jahren

> Papierservietten (33 x 33 cm)
> Schere
> Styropor-Ei
> Klebestift
> Bouillondraht
> Nähgarn

Eine neue Methode, Eier zu verzieren, ist das Einwickeln in Papierservietten. Wir wählen hierfür Servietten mit Mustern aus, die uns besonders gut gefallen.

1. Wir schneiden eine Papierserviette entlang der senkrechten und waagerechten Mittellinie auseinander, so daß 4 Quadrate entstehen.

2. Für ein Ei benötigen wir eines der 4 Serviettenquadrate. Wir bestreichen das Styropor-Ei in der Mitte einmal rundum mit dem Klebestift und rollen es in das Serviettenquadrat ein.

3. Dann tragen wir etwas Klebstoff auf beiden ovalen Seiten des Eies auf und drücken die Serviette fest an. Dabei dürfen Falten entstehen.

4. Nun umwickeln wir das Ei einmal mit Bouillondraht und verdrillen die Drahtenden miteinander. Den Anfang des Drahtes lassen wir ca. 1 cm lang überstehen, mit dem restlichen Draht umwickeln wir das Ei weitere drei- bis vier-

mal. Nach jeder Umdrehung fixieren wir den Draht an der Bindestelle, die so zum Mittelpunkt der das Ei umlaufenden Fäden wird.

5. Danach wählen wir eine zweite Stelle als Mittelpunkt aus. Wir biegen den Draht dort zu einer etwa 1 cm großen Öse, über die wir die Drahtfäden während weiterer 3 bis 4 Umdrehungen laufen lassen.

6. Anschließend schneiden wir den Draht ab und verdrillen ihn mehrmals mit der Drahtöse. Mit der Schere biegen wir an beiden Knotenpunkten die abstehenden Drähte zum Ei hin.

7. Zum Aufhängen ziehen wir einen dünnen Nähgarnfaden an einer Seite des Eies durch den Draht und verknoten die Fadenenden miteinander.

Osterbasteleien 67

Hühnerkorb

ab 4 Jahren

1 kleine Schüssel	Pauspapier
Frischhaltefolie	Bleistift
alte Zeitungen	weißer Tonkarton
weißes Schreib-maschinenpapier	Wasserfarben
	Pinsel
Tapetenkleister	Klebstoff
Schere	weiße Federn (ca. 30 g)

68 Osterbasteleien

Bei der Ostereiersuche werden sie sicher für manch freudige Überraschung sorgen: lustige Hühnerkörbe, die mit weißen Federn und Daunen geschmückt sind. Vor dem Fest füllen wir sie mit Süßigkeiten und bunten Eiern.
Schöne Federn erhalten wir im Bettenfachgeschäft, oder wir suchen ein altes Kissen, das wir aufschneiden können.

1. Zuerst stellen wir die Grundform des Hühnerkorbes aus Pappmaché her. Dazu beziehen wir die Außenseite der Schüssel ganz mit Frischhaltefolie. Die Folienenden werden über den Schüsselrand hinweg nach innen gezogen.

2. Unsere Arbeitsfläche legen wir dann mit alten Zeitungen aus und setzen die Schüssel umgekehrt darauf.

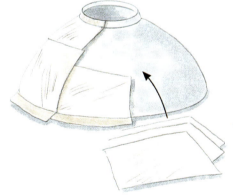

3. Blatt für Blatt bestreichen wir das weiße Schreibmaschinenpapier mit Tapetenkleister und kleben es auf die Schüssel. Wenn die Außenseite der Schüssel ganz mit weißen Blättern bedeckt ist, streichen wir die Oberfläche der Form nochmals mit Kleister glatt.

4. Nach dem Trocknen, in etwa 24 Stunden, heben wir die Pappmachéschüssel ab und entfernen die Frischhaltefolie. Mit der Schere wird der Rand der Schüssel gleichmäßig abgerundet.

5. Nun wird die Hühnerform angefertigt. Wir übertragen hierzu von Seite 206 Kopf und Schwanz des Huhns auf weißen Tonkarton und schneiden die Teile aus.

6. Mit Wasserfarben malen wir von beiden Seiten Kamm und Kehllappen rot an. Der Schnabel wird gelb eingefärbt und die Augen schwarz ausgemalt.

7. Anschließend schneiden wir die beiden Klebelaschen an der durchgezogenen Linie in der Mitte ein und knicken je eine Lasche nach rechts und nach links um.

8. An den Laschen kleben wir nun das Kopf- und das Schwanzteil auf die Pappmachéschüssel.

9. Zum Schluß erhält das Huhn noch ein Federkleid. Wir kleben dazu die weißen Federn schuppenförmig von oben nach unten rings um die Schüssel. Schwanz und Kopf werden ebenfalls mit einigen Federn geschmückt.

Osterbasteleien 69

Hasenspielbild

ab 6 Jahren

grüner Fotokarton
Pauspapier
Bleistift
Schere
Lochzange
brauner Fotokarton
Tonpapierreste
in verschiedenen Farben
Klebstoff
Musterklammern

Zwei Hasen, die um ein Osternest hüpfen, sind ein lustiger Zeitvertreib für Kinder. An solchen Spielbildern aus Schiebefiguren hatten bereits unsere Urgroßeltern ihre Freude.

1. Vom Vorlagebogen pausen wir die beiden Halterungen für das Spielbild ab und übertragen sie auf den grünen Fotokarton. Dann schneiden wir die Halterungen aus und stanzen mit der Lochzange an den markierten Punkten 2 Löcher pro Streifen ein.

2. Die Hasenform wird zweimal auf braunen Fotokarton abgepaust, ausgeschnitten und an den Markierungspunkten ebenfalls mit je 2 Löchern versehen.

3. Wir übertragen das Nest und die 3 Eier auf die Tonpapierreste in verschiedenen Farben und schneiden die Teile aus.

4. Anschließend wird das Spielbild zusammengesetzt. Zuerst kleben wir die Eier auf den unteren Kartonstreifen, und zwar genau in die Mitte zwischen die beiden Löcher. Dann setzen wir das Nest

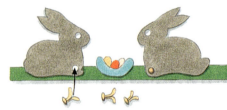

darauf. Der untere Kartonstreifen ist an der Stellung der Löcher zu erkennen: sie sitzen bei ihm auf der linken Seite. Der obere Kartonstreifen hat die Löcher rechts.

5. Die beiden Hasen befestigen wir nun links und rechts vom Nest, indem wir die Musterklammern von vorn durch die Löcher der Hasen sowie des Kartonstreifens

70 Osterbasteleien

schieben und die Metallteile der Klammern auf der Rückseite des Bildes auseinanderbiegen.

6. Danach bringen wir den oberen Kartonstreifen an. Er wird so hinter die Hasenköpfe gesetzt, daß er an der linken Seite etwas über das Motiv hinausragt. Wir fixieren den Streifen ebenfalls mit Musterklammern, die wir durch die vorgestanzten Löcher schieben.

Das Hasenspielbild ist fertig. Wenn wir die beiden grünen Kartonstreifen gegeneinander verschieben, geraten die Hasen in Bewegung.

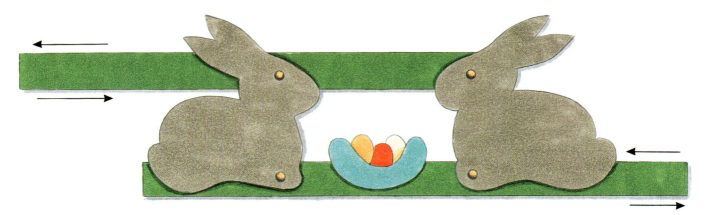

Osterbasteleien 71

Hefehase

ab 4 Jahren

- Backpapier
- Bleistift
- Backblech
- Backschüssel
- 500 g Mehl
- 30 g Hefe
- ¼ l lauwarme Milch
- 40 g Zucker
- Geschirrtuch
- 50 g Butter
- 2 Eier
- 1 Prise Salz
- Messer
- 1 hartgekochtes oder ausgeblasenes Ei
- 2 Rosinen
- 1 geschälte Mandel
- Tasse
- Backpinsel

Bei keinem Osterfrühstück darf der Hefekuchen fehlen. Besonders schön ist es natürlich, wenn er die Form eines Hasen hat.
Schon kleine Kinder können beim Kneten des Teiges und Formen der Teile helfen.

1. Vom Vorlagebogen übertragen wir die Hasengrundform auf das Backpapier. Anschließend legen wir das Papier mit der Vorlagenzeichnung auf das Backblech.

2. Für den Teig geben wir das Mehl in eine Schüssel und drücken in die Mitte eine Vertiefung hinein. Wir bröckeln die Hefe in die Vertiefung und verrühren alles mit der Milch und einer Prise Zucker zu einem Vorteig. Dann bedecken wir die Schüssel mit einem sauberen Geschirrtuch und lassen den Teig etwa 15 Minuten gehen.

3. Wir geben die Butter, das Ei, den restlichen Zucker und das Salz in die Schüssel und verkneten alles zu einem glatten Teig, den wir zugedeckt weitere 20 Minuten gehen lassen.

4. Anschließend kneten wir den Teig nochmals durch und teilen ihn in 2 Hälften.

5. Von der ersten Hälfte trennen wir ein ca. ⅔ großes Stück ab und formen daraus ein Oval für den Bauch des Hasen. Das Oval drücken wir auf die Vorlagenzeichnung. Den restlichen Teig rollen wir zu einer Kugel für den Kopf, die wir an das Bauchteil ansetzen. Mit den Fingern verstreichen wir gründlich die Verbindungsstelle.

6. Von der zweiten Teighälfte nehmen wir ein etwa ⅓ großes Stück für die Ohren ab, das wir teilen und zu 2 Walzen formen. Beide Walzen werden an den Hasenkopf angelegt und in der Mitte mit einem Längsschnitt versehen.

7. Für die Arme und Beine des Hasen teilen wir den restlichen Teig in 4 gleiche Stücke, die wir zu 8 cm langen Rollen formen. 2 der Rollen setzen wir unten an die Hasenform an und verstreichen sie an der Verbindungsstelle. Das sind die Beine. Dann drücken wir das gekochte oder ausgeblasene Ei auf den ovalen Bauch und bringen seitlich die Rollen für die Arme an.

8. Die 2 Rosinen erhält der Hase als Augen aufgesetzt und eine Mandel bildet die Nase.

9. Nun verquirlen wir das zweite Ei in einer Tasse und bestreichen damit die ganze Figur. Wir lassen alles ca. 15 Minuten an einem kühlen Platz ruhen.

10. Danach wird der Hefehase bei 200 °C auf mittlerer Schiene 20 bis 25 Minuten gebacken.

Osterbasteleien

Collageneier

ab 5 Jahren

> Geschenkpapierreste
> Unterteller
> Bleistift
> ausgeblasene Eier
> Kleister
> Streichholz
> Faden

Wer alte Geschenkpapiere aufbewahrt, kann bei dieser Technik, Eier zu dekorieren, aus dem vollen schöpfen. Je mehr bunte Papiere zusammenkommen, desto größer ist die Auswahl.

1. Als erstes sortieren wir die Geschenkpapiere nach Farben. Für jede Farbe stellen wir uns einen Unterteller zurecht. Dann reißen wir das Papier in kleine Schnipsel, die wir auf den verschiedenen Untertellern anordnen.

2. Anschließend zeichnen wir mit dem Bleistift unterschiedliche Muster auf das ausgeblasene Ei.

3. Jedes Muster bestreichen wir gesondert mit Kleister und bekleben es mit Papierschnipseln einer Farbe. Die Schnipsel werden dazu einzeln mit der Fingerspitze aufgenommen und auf das Ei gedrückt.

4. Wenn das ganze Ei beklebt ist, bestreichen wir es mit etwas Kleister und glätten die Schnipsel mit

den Fingern. Wichtig: Eines der beiden Löcher, die beim Ausblasen gemacht wurden, muß frei bleiben.

5. Für die Aufhängung nehmen wir ein Streichholz und brechen es in der Mitte durch. Den Faden knoten wir an eine der beiden Hälften und schieben dann das Hölzchen durch das freigelassene Loch in das Ei. Wenn wir nun am Faden ziehen, legt sich das Streichholz im Innern des Eies quer und kann nicht mehr herausrutschen.

74 Osterbasteleien

Eier mit bunten Wachstropfen

ab 4 Jahren

- ausgeblasene Eier
- Eierbecher
- 5 Wachsmalstifte
- Kerze
- Kerzenständer
- Streichhölzer
- Faden
- Schere

Auch wenn wir die gleichen Farben nehmen: Jedes Ei, das wir mit den bunten Wachsmalfarben verzieren, sieht anders aus.
Da wir zum Malen eine brennende Kerze benötigen, sollte ein Erwachsener an dieser Bastelarbeit teilnehmen.

1. Auf unserem Arbeitstisch stellen wir zuerst die Dinge bereit, die wir zum Malen brauchen: Wir nehmen ein sauberes, ausgeblasenes Ei und setzen es in einen Eierbecher.

2. Danach wählen wir 5 lange Wachsmalstifte aus und legen sie daneben.

3. Die Kerze stellen wir so in einen Kerzenständer, daß sie nicht umfallen kann. Erst dann zünden wir sie mit einem Streichholz an.

4. Nun beginnen wir mit dem Malen: Wir nehmen den ersten Stift und halten seine Spitze so lange in die Flamme, bis das Wachs weich geworden ist.

5. Dann streichen wir das weiche Wachs auf das Ei. Wir malen Punkte, Striche oder Kreise, ganz wie es uns gefällt.

6. Wenn die weiche Farbe aufgebraucht ist, halten wir den Stift erneut in die Flamme. Dabei passen wir auf, daß wir unsere Finger nicht verbrennen.

7. Die oben aus dem Eierbecher herausragende Eihälfte wird so nach und nach mit den verschiedenen Wachsmalstiften eingefärbt.

8. Dann drehen wir das Ei um. Wir brauchen keine Angst zu haben, die Farben zu verwischen, weil sie sofort nach dem Auftrag erkalten und fest werden.

9. Das fertig bemalte Ei hängen wir mit einem Streichholz an einem Faden auf. Die Anleitung dazu steht auf Seite 74 bei den „Collageneiern".

Osterbasteleien 75

Osternest und Schmetterlinge

ab 4 Jahren

Osternest:	
alte Zeitungen	Pauspapier
Untersetzer aus Ton	Bleistift
Plakafarben	Schere
Pinsel	Faltpapier (10 x 10 cm)
Malkittel	Buntpapier
Moos oder Ostergras	Klebstoff
	Locher
Schmetterlinge:	1-Pfennig-Stück
fester Karton	Blumendraht
	Knetmasse

76 Osterbasteleien

Ob als Tischdekoration oder nettes Mitbringsel: Ein Osternest mit Schmetterlingen ist eine schöne Bastelidee, an der sich viele Kinder beteiligen können.

Osternest

1. Wie bei vielen Bastelarbeiten üblich, müssen wir auch hier ein paar Vorbereitungen treffen, bevor wir anfangen können. Zunächst decken wir die Arbeitsplatte mit alten Zeitungen ab und legen darauf den Tonuntersetzer, die Plakafarben und die Pinsel. Dann ziehen wir unsere Malkittel an.

2. Anschließend überlegen wir uns ein Muster, das wir auf den äußeren Rand des Tonuntersetzers zeichnen wollen, und wählen danach die Farben aus. Wir können beispielsweise eine Schlangenlinie malen und bunte Punkte in die freien Flächen setzen. Schön sieht auch eine Blumengirlande aus oder kleine Fische, die sich zwischen Wellenlinien tummeln.

3. Beim Malen achten wir darauf, daß wir für jede Farbe einen eigenen Pinsel nehmen. Wenn wir nur mit einem einzigen Pinsel arbeiten, müssen wir ihn bei jedem Farbwechsel auswaschen.

4. Das fertige Motiv lassen wir trocknen und dekorieren den Tonuntersetzer dann mit Moos oder Ostergras. Neben Eiern und Süßigkeiten stecken wir außerdem als besonderen Blickfang ein paar Papierschmetterlinge auf das Osternest.

Schmetterlinge

1. Von Seite 205 pausen wir die Schmetterlingsvorlage auf festen Karton ab und schneiden sie aus. Das ist unsere Schablone.

2. Ein quadratisches Stück Faltpapier klappen wir einmal an der waagerechten Mittellinie zur Hälfte zusammen und legen die Schmetterlingsschablone mit der geraden Seite an den Knick an.

3. Wir übertragen die Schablone mit dem Bleistift und schneiden den Schmetterling entlang der Umrißlinie aus.

4. Dann öffnen wir die Faltung und kleben dem Schmetterling Punkte und Herzen aus Buntpapier auf die Flügel. Die Vorlage für die Herzen pausen wir von Seite 205 ab, kleine Punkte stanzen wir mit dem Locher aus, und für große Punkte umfahren wir ein 1-Pfennig-Stück mit dem Bleistift.

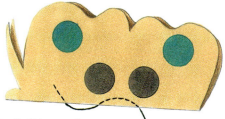

5. Die verzierten Schmetterlinge erhalten noch einen Stiel aus Blumendraht, an dem wir sie in das Osternest setzen. Wir ziehen dafür das obere Ende eines Drahtstücks mit 2 Vorstichen durch das Faltpapier am Mittelknick des Schmetterlings.

6. Damit der Schmetterling Halt findet, drücken wir ein kleines Stück Knetmasse auf den Boden des Tonuntersetzers und stecken den Falter am Drahtstiel in die Masse.

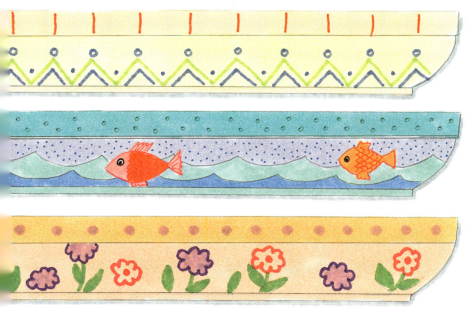

Osterbasteleien 77

Blütenkorb

ab 4 Jahren

- Fotokarton
- Pauspapier
- Bleistift
- Schere
- Lochzange
- Geschenkband
- Ostergras

Ist dieses Nest in Blütenform nicht schön? Der Osterhase schien von ihm begeistert zu sein, denn er hat seine Eier hineingelegt.

1. Wir pausen die Musterzeichnung der Blüte vom Vorlagebogen auf den Fotokarton ab.

2. Entlang der durchgezogenen Linien wird die Form ausgeschnitten.

3. Danach falten wir die Blütenblätter nach oben, indem wir jedes Blatt einzeln an den gestrichelten Linien zur Mitte knicken. Die Faltungen werden anschließend wieder geöffnet.

4. Mit der Lochzange stanzen wir an den markierten Punkten Löcher in die Blätter und ziehen ein Geschenkband ein.

5. Vorsichtig ziehen wir das Band leicht an, damit sich die Blütenblätter etwas heben und die Form eines Korbes entsteht. Die Bandenden binden wir zu einer Schleife zusammen.

6. Den Blütenkorb schmücken wir nun mit Ostergras und bunten Eiern. Auch die Schmetterlinge von Seite 77 eignen sich gut als Dekoration.

Osterkarte: Hase hinterm Busch

ab 4 Jahren

- weißer Tonkarton (17 x 15 cm)
- braunes Tonpapier
- Pauspapier
- Bleistift
- Schere
- grünes Tonpapier
- gelbe, rote und blaue Tonpapierreste
- Klebstoff
- schwarzer Filzstift
- roter Filzstift

Sie sorgen immer wieder für Überraschungen: Klappkarten, die im Innenteil ein Motiv enthalten, das sich aufstellt, sobald man die Karte öffnet. Solche Karten herzustellen ist ganz einfach – man muß nur wissen, wie es geht.

1. Wir falten den weißen Tonkarton zur Hälfte zusammen, damit wir eine Doppelkarte erhalten.

2. Dann übertragen wir die Umrisse für das Hasenteil von Seite 206 auf das braune Tonpapier und schneiden es aus.

3. Das Buschteil pausen wir auf das grüne Tonpapier ab und schneiden es ebenfalls aus.

4. Nun werden die Blüten auf unsere Tonpapierreste übertragen und ausgeschnitten. Für das Spruchband schneiden wir aus dem gelben Tonpapier ein Rechteck mit den Maßen 7,5 x 2 cm zu.

5. Das braune Hasenteil knicken wir einmal entlang der Kante, auf der der Hase steht, und kleben es so auf die Innenseite der Karte, daß der Hase genau im Mittelknick sitzt.

6. Das Buschteil falten wir ebenfalls vor und kleben es auf die andere Hälfte der Karteninnenseite. Busch und Hase stellen sich auf, wenn die Karte geöffnet wird.

7. Anschließend verteilen wir die Blüten über das Buschteil und befestigen sie mit Klebstoff.

8. Mit dem schwarzen Filzstift setzen wir kleine Punkte als Stempel auf die Blüten und mit dem roten Filzstift schreiben wir „Frohe Ostern" oder einen anderen netten Gruß auf das Spruchband.

Alles Liebe zum Muttertag

82 Alles Liebe zum Muttertag

Schmuck aus Ton

ab 4 Jahren

> Vorhangspitze
> Ton
> Kuchenrolle
> Messer
> Bleistift
> fester Karton
> Glasur
> Lederband
> Ohrclipse
> Heißklebepistole

Wie in einem exclusiven Kunsthandwerkladen erworben – danach sehen diese Kette und die Ohrringe aus. Dabei ist die Herstellung so einfach, daß auch schon jüngere Kinder teilnehmen können.
Ein Tip: Wir schauen uns vorher die Kleidung von der Mutter an und fertigen den Schmuck passend zu einer Bluse oder einem Pullover, den sie gern trägt.

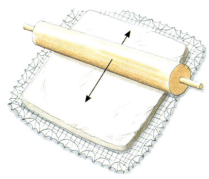

1. Wir legen die Vorhangspitze vor uns auf den Tisch und rollen darauf den Ton dünn aus.

2. Dann wenden wir den Ton und ziehen die Vorhangspitze vorsichtig ab. Das Muster des Stoffes hat sich nun in den Ton eingedrückt.

3. Für die Perlen schneiden wir den Ton in spitz zulaufende Streifen.

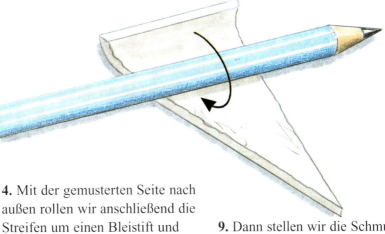

4. Mit der gemusterten Seite nach außen rollen wir anschließend die Streifen um einen Bleistift und verstreichen die Enden sorgfältig. Die so entstandenen Perlen ziehen wir wieder vom Bleistift ab und legen sie zum Trocknen auf ein Stück festen Karton.

5. Für eine zweite Perlenart klappen wir ein kleines Stück Ton um den Bleistift und verstreichen die Enden miteinander. Auf diese Weise lassen sich noch weitere schöne Perlenvariationen herstellen.

6. Mit dem Küchenmesser schneiden wir nun die runden Formen für die Ohrringe aus dem gemusterten Tonstück heraus.

7. Wenn wir genügend Perlen und Ohrringe hergestellt haben, lassen wir die Teile 1 Woche lang trocknen. Dann bringen wie sie zum Brennen ins Bastelgeschäft.

8. Anschließend pinseln wir die Formen mit der Glasur ein. Die Ohrringe werden nur auf der Vorderseite mit Glasur bestrichen. Nach einem weiteren Tag Trockenzeit bringen wir die Teile ein zweites Mal zum Brennen.

9. Dann stellen wir die Schmuckstücke fertig: Wir fädeln die Perlen auf ein Lederband, das wir an den Enden verknoten. Die Tonkreise für die Ohrringe kleben wir mit der Heißklebepistole auf die Ohrclipse.

Wer möchte, fertigt zusätzlich Broschen und Haarspangen an. Geeignete Broschennadeln und Haarkämmchen erhalten wir in Hobby- und Bastelgeschäften.

Alles Liebe zum Muttertag

Bemalter Teller

ab 4 Jahren

> Pauspapier
> Bleistift
> dünner Pappkarton
> Schere
> alte Zeitungen
> Lackfarben
> Pinsel
> Malkittel
> 1 weißer Dessertteller
> Doppelklebeband
> Zahnstocher

Herzen werden zum Muttertag in allen möglichen Farben angeboten. Es gibt sie in Rot, Grün, Blau und Gelb sowie in vielen Zwischentönen.

Wir machen es umgekehrt: Statt das Herz auszumalen, färben wir den Tellerrand bunt ein. Die Fläche für das Herz bleibt frei und läßt das Weiß des Porzellans gut zur Geltung kommen.

1. Die Herzform übertragen wir von Seite 205 mit Pauspapier und Bleistift auf den dünnen Pappkarton und schneiden sie aus.

2. Wir decken unsere Arbeitsfläche mit alten Zeitungen ab, legen Farben und Pinsel bereit und ziehen einen Malkittel an.

3. Danach nehmen wir den weißen Teller und kleben das Herz mit einem Stück Doppelklebeband in seine Mitte.

4. Mit unserer Lieblingsfarbe malen wir nun den Teller rund um das Herz an. Wichtig: Es darf keine Farbe unter den Rand der Herzschablone geraten.

5. Sobald die Farbe ein wenig getrocknet ist, heben wir das Herz vorsichtig mit dem Zahnstocher hoch und lösen es vom Teller. Wir passen dabei auf, daß wir nichts von der Farbe verwischen.

6. Wer möchte, setzt mit dem Pinsel bunte Punkte auf die bemalte Fläche und verziert den Herzrand ebenfalls mit kleinen Farbtupfern.

7. Anschließend lassen wir den Teller mehrere Stunden trocknen.

Tip: Statt der Pappe können wir auch Klebefolie für die Schablone verwenden. Die Folie verhindert zuverlässig, daß Farbe unter die Ränder des Motivs gelangt.

Bild im Gardinenring

ab 10 Jahren

> fester Karton
> Pauspapier
> Bleistift
> Schere
> einfarbiger Stoff
> Klebstoff
> 1 hölzerner Gardinenring
> (Durchmesser 7 cm)
> Blumensteckmasse
> Pinzette
> getrocknete Blumen
> und Gräser
> Bildaufhänger

Die getrockneten Pflanzen für dieses Bild erhalten wir in Blumen- und in Bastelgeschäften. Mehr Spaß macht es allerdings, die geeigneten Blüten und Gräser selbst zu sammeln und zu trocknen. Man braucht die Blumen dann nur umgekehrt herum einige Wochen aufzuhängen, bis die in ihnen gespeicherte Feuchtigkeit verdunstet ist.

1. Für die Rückwand des Bildes übertragen wir den Kreis von Seite 205 auf festen Karton und schneiden ihn aus.

2. Den Kartonkreis kleben wir auf ein Stück einfarbigen Stoff und schneiden das überstehende Stoffteil entlang des Kreisrandes aus.

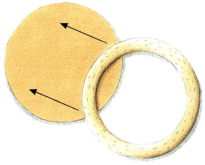

3. Dann streichen wir den äußeren Kreisrand mit etwas Klebstoff ein und setzen den Gardinenring auf die mit Stoff bezogene Seite des Kartonkreises.

4. Anschließend beginnen wir mit dem Stecken des Motivs: Als Grundlage drücken wir ein kleines Stück Blumensteckmasse an den unteren Rand des Bildes. Mit der Pinzette stecken wir nun nacheinander die Gräser und Blüten in die Masse. Gut eignen sich hierfür zum Beispiel getrocknete Hortensienblüten, Statice, Schleierkraut und Strohblumen. Wir schmücken zuerst den Bildhintergrund mit Gräsern aus, danach

gestalten wir den Vordergrund des Bildes. Zum Schluß lassen wir ein paar Blüten und Gräser über den Rand des Gardinenringes hinausragen.

5. Auf die Rückseite des fertigen Wandschmucks kleben wir einen Bildaufhänger.

Alles Liebe zum Muttertag

86 Alles Liebe zum Muttertag

Ente und Schwan

ab 6 Jahren

> Tonpapier
> Pauspapier
> Bleistift
> Schere
> dünne Sperrholzplatten
> Dorn
> Hammer
> Handbohrer
> Laubsäge mit Sägeblatt
> grobes und feines
> Schleifpapier
> kleiner Holzklotz
> Holzleim
> Plakafarben
> Pinsel

Schöne Laubsägearbeiten anzufertigen bereitet Jungen wie Mädchen großen Spaß. Sperrholzplatten erhalten wir günstig im Baumarkt; Reststücke werden oft sogar umsonst abgegeben.

Ente

1. Vom Musterbogen pausen wir die Vorlage für die Entenform und den dazugehörigen Ständer auf das Tonpapier ab und schneiden die Teile aus.

2. Danach legen wir die beiden Formen auf das Sperrholz und ziehen die Umrisse mit Bleistift nach. Den Schnabel, das Auge und den Flügel zeichnen wir auf beiden Seiten der Figur ein.

3. Mit dem Dorn stechen wir ein kleines Loch an der Umrißlinie der Entenform in die Sperrholzplatte. Damit wir das Laubsägeblatt hindurchführen können, wird das Loch mit dem Handbohrer ein wenig vergrößert.

4. Nun spannen wir die Laubsäge ein und sägen langsam und vorsichtig an der Umrißlinie entlang. Das gleiche wiederholen wir mit der Ständerplatte.

5. Anschließend werden die Ränder der Teile glattgeschmirgelt. Dazu wickeln wir ein Stück Schleifpapier um einen kleinen Holzklotz und säubern die Kanten.

6. Mit Holzleim werden nun die 2 Teile der Ente zusammengeklebt.

7. Nach dem Trocknen des Leims malen wir die Figur mit Plakafarben an. Wir beginnen mit der weißen Farbe, die wir zweimal auftragen, damit sie besser deckt. Das

Gelb für Schnabel und Beine malen wir auf, sobald die weiße Farbe getrocknet ist. Anschließend wird der Ständer grün angemalt. Mit Schwarz zeichnen wir das Auge auf und ziehen die Linien für Schnabel, Flügel und Beine nach.

Schwan

1. Der Schwan wird genauso wie die Ente angefertigt. Auch er besteht aus 2 Teilen, die vom Musterbogen auf Sperrholz übertragen werden.

2. Anschließend sägen wir die Formen aus, schmirgeln die Ränder glatt und setzen sie mit Holzleim zusammen.

3. Mit Plakafarben malen wir den Schwan an und zeichnen zum Schluß mit Schwarz den Flügel, den Schnabel und das Auge auf.

Herzschachtel aus Wellpappe

ab 6 Jahren

- 1 Pralinenschachtel
- Wellpappe
- Bleistift
- kleine spitze Schere
- Pauspapier
- rotes Tonpapier
- Klebstoff

Hübsch verzierte Schachteln sind ideale Geschenkverpackungen. Wenn der Inhalt entnommen wurde, kann man sie anschließend zum Aufbewahren von Bildern, Stiften oder Briefmarken weiterverwenden.

1. Wir legen den Deckel der Pralinenschachtel auf die Rückseite der Wellpappe und umfahren ihn mit dem Bleistift.

2. Wir entfernen den Deckel und schneiden die Form aus.

3. Von Seite 205 übertragen wir das Herz auf die glatte Seite der Wellpappe und schneiden das Motiv vorsichtig mit einer kleinen spitzen Schere aus.

4. Das so entstandene herzförmige Fenster hinterkleben wir mit rotem Tonpapier. Dazu schneiden wir zuerst ein Stück Tonpapier in der Größe des Schachteldeckels zu. Dann bestreichen wir die Rückseite der Wellpappe mit Klebstoff und drücken das Tonpapier dagegen.

5. Danach kleben wir die Wellpappe mit dem roten Herzausschnitt auf den Deckel der Pralinenschachtel.

6. Etwas versetzt vom roten Herz bringen wir mit Klebstoff die Herzform aus Wellpappe an.

88 Alles Liebe zum Muttertag

Duftende Granitschachteln

ab 5 Jahren

alte Zeitungen
Flachpinsel
Granitfarbe
1 Holz- oder Spanschachtel
gepreßte Blätter
Klebstoff
Blütenpotpourri

Über eine schöne kleine Schachtel freuen sich Mütter und Großmütter gleichermaßen. Besonders, wenn der Schachtel ein zarter Duft nach Veilchen, Melisse oder Orangenblüten entströmt, ist die Überraschung gelungen.
Potpourris erhält man in Bastel- und Geschenkgeschäften. Sie werden in verschiedenen Duftrichtungen angeboten.

1. Bevor wir mit dem Malen beginnen, decken wir unsere Arbeitsfläche mit Zeitungspapier ab.

2. Mit dem Flachpinsel tragen wir die Granitfarbe großzügig auf den Schachteldeckel auf. Dabei streichen wir mit dem Pinsel stets in einer Richtung, in diesem Fall von links nach rechts.

3. Danach lassen wir die Farbe gut trocknen.

4. Anschließend bemalen wir den Deckel mit einer zweiten Farbschicht. Diesmal tragen wir die Farbe in vertikaler Richtung auf, das heißt, wir streichen stets von unten nach oben.

5. Wir stellen die Schachtel an einen ruhigen Ort und lassen die Farbe abermals trocknen.

6. Wer möchte, streicht auch die Außenwände mit Granitfarbe ein. Um ein gleichmäßiges Ergebnis zu erzielen, müssen wir die Farbe wiederum in 2 Arbeitsgängen auftragen.

7. Auf den Schachteldeckel können wir zur Verzierung ein paar schöne gepreßte Blätter aufkleben.

8. Anschließend füllen wir unsere Schachtel mit einem zart duftenden Blütenpotpourri.

Alles Liebe zum Muttertag

90 Alles Liebe zum Muttertag

Tischkarten

ab 5 Jahren

Geschenkpapier mit Blumenmuster
Fotokarton
Lineal
Bleistift
Schere
Pauspapier
fester Karton
Klebstoff
Regenbogenstift oder Buntstifte

„Durch die Blume" kann man den Familienmitgliedern mit diesen Tischkarten Witziges, Nachdenkliches und Freundliches mitteilen. Wenn wir erst einmal anfangen, darüber nachzudenken, was man alles schreiben könnte, fällt uns sicher mehr ein, als auf einer Karte Platz findet.

1. Zu dem Geschenkpapier mit Blumenmuster wählen wir einen farblich passenden Fotokarton aus.

2. Wir zeichnen ein Rechteck mit den Maßen 18 x 12 cm auf den Fotokarton und schneiden es aus.

3. Dann falten wir das Rechteck der Breite nach zusammen, so daß eine Klappkarte entsteht.

4. Auf die Rückseite des Geschenkpapiers zeichnen wir ein Rechteck von 9 x 12 cm und schneiden es ebenfalls aus.

5. Der Länge nach falten wir nun das Rechteck so zusammen, daß das Muster des Geschenkpapiers innen liegt.

6. Danach pausen wir das halbe Oval vom Vorlagebogen auf ein Stück festen Karton ab und schneiden es aus. Das ist unsere Schablone für die Vorderseite der Karte.

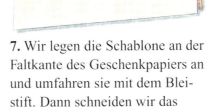

7. Wir legen die Schablone an der Faltkante des Geschenkpapiers an und umfahren sie mit dem Bleistift. Dann schneiden wir das halbe Oval aus.

8. Mit der Spitze der Schere schneiden wir nun kleine, etwa 1 cm tiefe Zacken in den ovalen Ausschnitt.

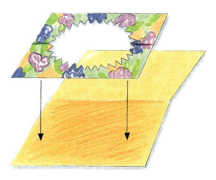

9. Anschließend klappen wir das Geschenkpapier auf und kleben es auf die Vorderseite der Tischkarte.

10. Mit einem Regenbogenstift oder mit verschiedenfarbigen Buntstiften schreiben wir einen kleinen Gruß in den Ausschnitt. Man kann auch vorn den Namen eines Familienangehörigen eintragen und auf der Rückseite einen längeren Spruch anbringen. Wer noch nicht schreiben kann, malt ein kleines Bild auf die Karte.

Alles Liebe zum Muttertag

92 Alles Liebe zum Muttertag

Bunte Kugeln für den Blumentopf

ab 4 Jahren

- alte Zeitungen
- Malkittel
- Laternenstab
- Lackfarben
- Pinsel
- Schälchen
- Laubsäge
- weiße Kunststoffkugel
- flacher Teller

Mit Kugeln lassen sich viele Dinge verschönern. An einem Holzstiel in einen Blumentopf gesteckt, verleihen sie einer Blattpflanze ein völlig neues Aussehen.
Wir können die Kugeln auch in eine Vase zu einem Blumenstrauß stellen. Dann müssen wir allerdings aufpassen, daß sie beim Gießen nicht naß werden, denn die Farben, die wir zum Malen verwenden, sind wasserlöslich.

1. Wir decken die Arbeitsfläche mit Zeitungen ab, ziehen einen Malkittel an und stellen Farben, Pinsel und mehrere Schälchen bereit.

2. Den Laternenstab sägen wir mit der Laubsäge in der Mitte durch und stecken ihn an einem Ende in die Kugel.

3. Dann gießen wir ein wenig von jeder Farbe, mit der wir die Kugel bemalen wollen, in jeweils eines der Schälchen.

4. Wir tauchen nun einen Pinsel in die erste Farbe und tragen sie dick auf die Kugel auf. Dann drehen wir die Kugel am Holzstab und bringen die nächste Farbe an. Wichtig: Für jede Farbe nehmen wir einen eigenen Pinsel. Andernfalls müßten wir den Pinsel bei jedem Farbwechsel gründlich auswaschen.

5. Nach und nach färben wir so die ganze Kugel ein. Durch das Drehen verlaufen die Farben ineinander, und es entsteht ein schönes Schlierenmuster.

Variation:

Eine zweite Möglichkeit, die Kugel anzumalen, besteht darin, sie durch die Farben zu drehen.

1. Wir nehmen dazu einen flachen Teller und tropfen mehrere Farben darauf.

2. Dann fassen wir die Kugel an dem Holzstab und drehen sie vorsichtig durch die verschiedenen Farben.

3. Weiß gebliebene Stellen malen wir zum Schluß mit dem Pinsel an.

Dose mit Papierrosette

ab 8 Jahren

> Geschenkpapier
> Lineal
> Bleistift
> Schere
> Klebstoff
> 1 leere Cremedose

Aus einem quadratischen Stück Papier eine kunstvolle Rosette zu zaubern – und zwar ohne eine Schere oder Klebstoff zu Hilfe zu nehmen – ist ein Kunststück, das nicht jeder beherrscht.
Wenn wir die aus buntem Papier gefaltete Rosette auf den Deckel einer hübschen Dose kleben, besitzen wir ein originelles Muttertagsgeschenk. In die Dose legen wir zusätzlich eine kleine Überraschung hinein.

1. Auf die Rückseite des Geschenkpapiers zeichnen wir ein Quadrat mit den Maßen 14,5 x 14,5 cm und schneiden es aus.

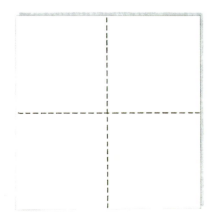

2. Dann falten wir das Quadrat an der senkrechten und an der waagerechten Mittellinie. Das Papier klappen wir nach jeder Faltung wieder auf.

3. Nun falten wir das Quadrat an den Diagonalen und öffnen auch diesmal die Faltungen wieder.

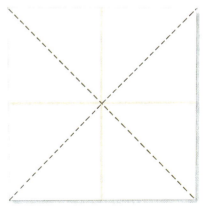

94 Alles Liebe zum Muttertag

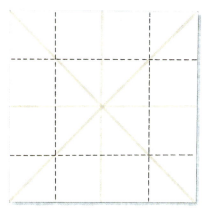

4. Wir falten alle 4 Seiten auf die Mittellinie und öffnen abermals die Figur.

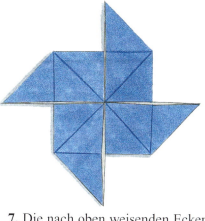

7. Die nach oben weisenden Ecken klappen wir nach rechts um, so daß eine Windmühlenform entsteht.

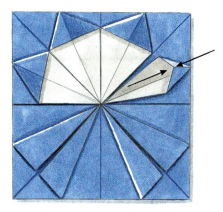

Kante nach unten. Das gleiche wiederholen wir mit den anderen 7 Flügeln.

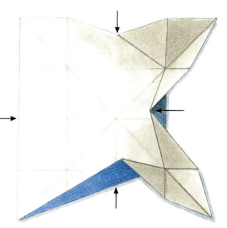

5. Dann halten wir das Papier an 2 Ecken und drücken es an den Kanten zusammen. Dabei stellen sich die Ecken auf. Das gleiche wiederholen wir mit den anderen beiden Ecken.

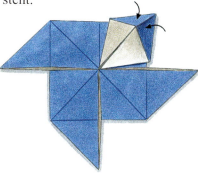

8. Wir richten einen der Flügel auf, öffnen ihn mit dem Zeigefinger und drücken die Spitze so nach unten, daß ein kleines Quadrat entsteht. Das gleiche wiederholen wir mit den 3 anderen Flügeln.

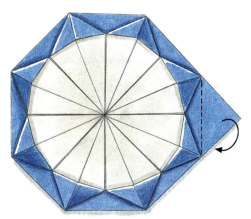

11. Anschließend falten wir die 4 Ecken des Quadrats nach hinten um. Das ist die achteckige Rosette.

12. Wir übertragen die untenstehende Blütenform auf einen Rest des Geschenkpapiers, schneiden sie aus und kleben sie auf die Mitte der Faltform.

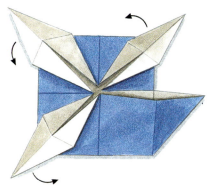

6. Nun drücken wir alle 4 Kanten nach innen auf den Mittelpunkt.

9. Die beiden innen liegenden Kanten eines Quadrats falten wir auf die Mittellinie. Es entstehen insgesamt 8 dreieckige Flügel.

10. Wir öffnen den ersten Flügel und drücken ihn an der oberen

13. Zum Schluß kleben wir die Rosette auf den Deckel einer leeren Cremedose.

Abpausvorlage

Alles Liebe zum Muttertag

Wir feiern Kindergeburtstag

Schwan aus Spitzenpapier

ab 8 Jahren

- grünes Tonpapier
- Zirkel
- Schere
- 2 runde weiße Spitzenpapiere (Durchmesser 16 cm)
- Klebstoff
- weißer Pfeifenputzer (16 cm lang)
- roter Plastiktrinkhalm
- schwarzer Filzstift

Er macht sich gut auf einer festlichen Geburtstagstafel – dieser Schwan aus weißem Spitzenpapier. Auf einer blauen Serviette lassen wir ihn in der Mitte des Tisches „schwimmen". Wer besonders fleißig ist, bastelt so viele Schwäne, daß jeder Gast einen der weißen Vögel auf seinem Dessertteller vorfindet.

Seerosenblatt

1. Wir zeichnen einen Kreis mit einem Durchmesser von 9 cm auf grünes Tonpapier und schneiden ihn aus.

2. Dann falten wir den Kreis in der Mitte zusammen. Es entsteht ein Halbkreis, den wir abermals in der Mitte zusammenklappen. Jetzt haben wir ein Viertel, das nach nochmaligem Halbieren zu einem Achtel wird.

98 Wir feiern Kindergeburtstag

3. Wir öffnen alle Faltungen und knicken rings um den Kreisrand einen etwa 3 mm breiten Streifen nach oben. Unser Papier gleicht jetzt einem Seerosenblatt. Damit es besonders echt wirkt, schneiden wir das Blatt an einem Faltknick vom Rand bis zur Mitte ein.

Schwan

1. Für das Federkleid benötigen wir 2 runde Spitzenpapiere. Das erste Papier falten wir zum Halbkreis zusammen.

2. Mit Daumen und Zeigefinger halten wir den Halbkreis in der Mitte fest und knicken an der rechten Seite eine Lasche nach innen.

3. Das gleiche wiederholen wir auf der linken Seite der Figur.

4. Das zweite Papier falten wir zweimal in der Mitte zu einem Viertelkreis zusammen und klappen die Faltungen wieder auf.

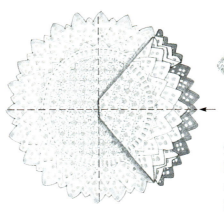

5. Nun kleben wir das erste Papierteil auf die rechte Hälfte des geöffneten Papierkreises.

6. Anschließend klappen wir die linke Hälfte des Papierkreises auf die erste Faltform. Das ist das Federkleid des Schwanes.

7. Wir falten es einmal in der Mitte zu einem Viertel zusammen und kleben es an der Faltkante auf das Seerosenblatt.

8. Für den Schwanenhals biegen wir einen 16 cm langen Pfeifenputzer zu einer geschwungenen S-Form.

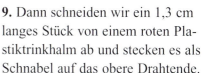

9. Dann schneiden wir ein 1,3 cm langes Stück von einem roten Plastiktrinkhalm ab und stecken es als Schnabel auf das obere Drahtende.

10. Mit Filzstift malen wir den Pfeifenputzer rund um das Trinkhalmende schwarz an.

11. Danach kleben wir den Schwanenkörper am unteren Drahtteil auf die Faltkante in der Mitte des Federkleides.

12. Damit sich die Flügel aufrichten, kleben wir sie an den Innenseiten mit einem Tropfen Klebstoff zusammen.

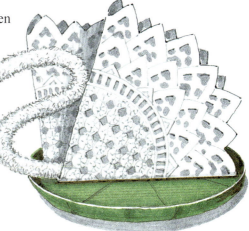

Wir feiern Kindergeburtstag 99

Perlenmäuschen

ab 6 Jahren

> bunte Filzreste
> Pauspapier
> Bleistift
> Schere
> Holzscheibe
> (Durchmesser 4 cm)
> Holzleim
> 1 kleine Perle
> (Durchmesser 10 mm)
> 1 große Perle
> (Durchmesser 12 mm)

Kleine Holzscheiben, Perlen und ein paar Filzreste, das ist alles, was man braucht, um diese witzigen Perlenmäuschen anzufertigen. Als Preise einer Tombola oder als Gewinne bei Geschicklichkeitsspielen sind sie bei Gästen sehr begehrt und können als Erinnerung an das gelungene Fest mit nach Hause genommen werden.

Abpausvorlagen
Ohren
Schwänzchen

1. Zunächst schneiden wir aus einem Filzrest das Schwänzchen. Dafür übertragen wir die obenstehende Vorlagenzeichnung auf Filz und schneiden die Form aus.

2. Die Ohren pausen wir ebenfalls von der Vorlage auf ein Filzstück ab und schneiden sie aus.

3. Dann kleben wir das Schwänzchen mit dem stumpfen Ende auf die Mitte der Holzscheibe.

4. Die Ohren befestigen wir mit etwas Holzleim auf der kleinen Holzperle. Das ist der Kopf.

5. Die kleine und die große Perle werden nun an den Öffnungen aufeinandergeklebt.

6. Anschließend setzen wir das Perlenmäuschen mit Klebstoff mitten auf die Holzscheibe.

Wir feiern Kindergeburtstag

Tischkarte: Baum mit Blüten

ab 5 Jahren

Pergamentpapier
Bleistift
Tonpapier in
verschiedenen Farben
Schere
Filzstift
Klebstoff
getrocknete Blüten

Tischkarten weisen nicht nur den Gästen ihre Plätze zu, sie sind auch ein kleiner Willkommensgruß. Das Motiv der Baumkarte mit Blüten können wir für die Dekoration des Tisches aufgreifen und weitere kleine Blumen rund um den Platz des Geburtstagskindes verteilen.

1. Die Vorlage für die Klappkarte, den Stamm und die Krone des Baumes pausen wir von Seite 205 ab und übertragen die Formen auf das Tonpapier. Dann schneiden wir die Teile aus.

2. Die Karte wird an der gestrichelten Linie zusammengefaltet.

3. Anschließend malen wir mit dem Filzstift ein Nest mit einem

kleinen Vogel auf die Baumkrone und kleben sie zusammen mit dem Stamm auf die Vorderseite der Klappkarte.

4. Rechts neben den Stamm schreiben wir nun den Namen eines Gastes auf die Karte.

5. Zum Schluß werden die getrockneten Blüten auf die Baumkrone geklebt.

Wer im Herbst Geburtstag feiert, setzt kleine getrocknete Blätter auf die Baumkrone. Für die Karte wählen wir dann Tonpapier in warmen Braun- und Rottönen.

Wir feiern Kindergeburtstag

102 Wir feiern Kindergeburtstag

Igelschachtel

ab 4 Jahren

> 1 quadratisches Blatt braunes
> Tonpapier (20 x 20 cm)
> schwarzer Filzstift
> Bleistift
> Papierschneidemesser
> Klebstoff
> Reststück braunes Tonpapier
> Pauspapier
> Schere

Geschenke, die sich durch ihre äußere Form leicht verraten, sollten wir in eine feste Verpackung hüllen. Die Igelschachtel verbirgt ihren Inhalt geschickt und ist außerdem ein zusätzliches kleines Geschenk, in dem das Geburtstagskind anschließend Stifte, Radiergummis oder andere Kleinigkeiten aufbewahren kann.

1. Wir falten das Quadrat einmal diagonal in der Mitte und öffnen die Faltung wieder.

2. Die rechte und linke obere Kante klappen wir auf die Mittellinie, so daß eine Drachenform entsteht.

3. Auch diese Faltung öffnen wir wieder und klappen die untere Ecke an der gestrichelten Linie nach oben.

4. Nun falten wir den Igel probeweise zusammen, indem wir die seitlichen Flügel übereinanderschieben. Mit schwarzem Filzstift malen wir die Augen auf.

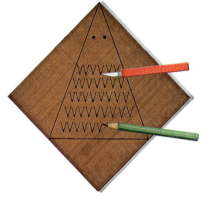

5. Wir öffnen die Faltung wieder und zeichnen mit Bleistift kleine spitze Zacken als Stacheln ein.

Wie auf der Zeichnung zu sehen, malen wir die Zacken nur auf den mittleren Teil der Figur und sparen die 3 äußeren Flügel sowie den Igelkopf aus.

6. Dann schneiden wir mit dem Papierschneidemesser die Zacken ein und biegen sie wie Stacheln nach oben.

7. Anschließend bestreichen wir einen der seitlichen Flügel des Igels mit Klebstoff und drücken ihn fest auf den anderen Seitenflügel. Wir halten die Teile so lange fest, bis der Klebstoff getrocknet ist. Das ist die Grundform der Igelschachtel.

8. Die hinten überstehende Ecke schlagen wir nach innen um.

9. Für die Ohren übertragen wir auf den Tonpapierrest zweimal die nebenstehende Vorlagenzeichnung und schneiden sie aus.

Abpausvorlage

10. Dann formen wir die Ohren halbrund und kleben sie auf den Kopf des Igels.

11. Mit dem Filzstift malen wir das Schnäuzchen auf und biegen es leicht nach oben.

Wir feiern Kindergeburtstag

104 Wir feiern Kindergeburtstag

Schlüsselanhänger aus Moosgummi

ab 6 Jahren

> Nilpferdanhänger:
> Moosgummi
> in verschiedenen Farben
> Pauspapier
> Bleistift
> Schere
> Perlmuttfarbe
> Lochzange oder
> dicke Stopfnadel
> Lederbändchen
>
> Perlenanhänger:
> bunte Holzperlen
> Moosgummi
> in verschiedenen Farben
> Lederbändchen
> Lineal
> Schere
> Pauspapier
> Bleistift
> Stopfnadel
> Schlüsselring

Vor einer Geburtstagsfeier kann man überhaupt nicht genug von ihnen anfertigen: Hübsche kleine Dinge, die sich als Preise bei Denk- oder Geschicklichkeitsspielen einsetzen lassen. Wenn ein bunter Schlüsselanhänger mit Nilpferd oder Perlenband zu gewinnen ist, strengen sich eure Gäste sicher ganz besonders an.

Nilpferdanhänger

1. Zunächst pausen wir die untenstehende Nilpferdform auf Moosgummi ab und schneiden sie aus.

2. Danach zeichnen wir mit Perlmuttfarbe die Innenlinien des Nilpferds ein. Wir malen das Gesicht, die Ohren sowie ein paar Hautfalten auf und deuten mit einigen Strichen die Zehen an.

3. Für die Aufhängung bohren wir ein Loch in die markierte Stelle am Rücken des Nilpferds. Das geht am besten mit einer Lochzange oder einer dicken Stopfnadel.

4. Durch das Loch wird nun ein etwa 12 cm langes Lederbändchen gezogen und an den Enden verknotet.

Abpausvorlagen

Perlenanhänger

1. Pro Anhänger wählen wir farblich zueinander passende Perlen, Moosgummistücke und Lederbändchen aus.

2. Danach zeichnen wir mit dem Lineal mehrere 6 mm breite Streifen auf das Moosgummi und schneiden sie aus.

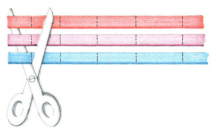

3. Die Streifen werden nun in immer größer werdenen Abständen durchtrennt. Die kleinsten Streifen sind etwa 1,5 cm lang, die größten haben eine Länge von ca. 2,8 cm.

4. Wahlweise schneiden wir Kreise und Dreiecke aus, die wir von der untenstehenden Abbildung auf das Moosgummi übertragen und ausschneiden.

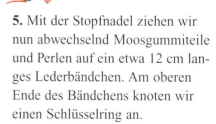

5. Mit der Stopfnadel ziehen wir nun abwechselnd Moosgummiteile und Perlen auf ein etwa 12 cm langes Lederbändchen. Am oberen Ende des Bändchens knoten wir einen Schlüsselring an.

Wir feiern Kindergeburtstag

Figur auf Trinkhalm

ab 5 Jahren

Tonpapier
in verschiedenen Farben
Pauspapier
Bleistift
Schere
Trinkhalm mit Gelenk
Hefter
Filzstifte
Klebstoff
Pfeifenputzer

Sie bringen Leben auf den Geburtstagstisch: Lustige Männchen, die sich auf Trinkhalmen aus den Saftgläsern recken. Wir können sie zusätzlich mit den Namen unserer Gäste versehen; dann gibt es keine verwechselten Gläser mehr.

1. Die Vorlagen für Kopf, Hut und Hemd der Figur sind auf Seite 207 abgebildet. Wir pausen jedes Teil zweimal auf das Tonpapier ab und schneiden danach alle Formen aus.

2. Wir legen die beiden Kreise, die den Kopf bilden, beidseitig an das obere Ende des Trinkhalms und heften die 3 Teile zusammen. Dabei achten wir darauf, daß die Heftklammer etwa in Höhe der Nase sitzt.

3. Mit den Filzstiften malen wir dem Männchen sein Gesicht auf.

4. Dann kleben wir die beiden Hutformen deckungsgleich vorn und hinten auf dem Kopf fest.

5. Jetzt fehlt nur noch der Körper der Figur. Für ihn bestreichen wir eines der beiden Hemdteile am oberen Rand mit Klebstoff und drücken ein 16 cm langes Stück Pfeifenputzer darauf. Das sind die Arme des Männchens.

6. Für die Beine streichen wir das Hemdteil am unteren Rand mit etwas Klebstoff ein und setzen ein u-förmig gebogenes Stück Pfeifenputzer mit einer Länge von ebenfalls 16 cm darauf. Für Hände und Füße knicken wir nun die Enden der Pfeifenputzer leicht ab.

7. Auf die senkrechte Mittellinie des so vorbereiteten Hemdteils legen wir den Trinkhalm. Wiederum deckungsgleich setzen wir das zweite Hemdteil darüber und heften beide Teile zweimal entlang des Trinkhalms zusammen.

Geburtstagslurch

ab 5 Jahren

- alte Zeitung
- Plakatkarton
- Pergamentpapier
- Bleistift
- Schere
- 2 kleine schwarze Holzperlen (Durchmesser ca. 5 mm)
- Nadel
- schwarzer Faden
- Bonbons
- Klebstoff
- Glitzerpuder

Nicht nur an der Anzahl der Kerzen kann das Geburtstagskind abzählen, wie alt es ist, sondern auch an der Anzahl der Bonbons auf dem Geburtstagslurch. Gegenüber den Kerzen haben die Bonbons sogar noch einen entscheidenden Vorteil: Man kann sie aufessen!

1. Wir bedecken unsere Arbeitsfläche mit einer alten Zeitung.

2. Von Seite 207 pausen wir die Vorlagenzeichnung für den Lurch ab und übertragen sie auf den Plakatkarton. Dann schneiden wir den Lurch aus.

3. Die 2 Holzperlen für die Augen nähen wir mit Nadel und Faden auf dem Karton fest und verknoten die Fadenenden auf der Rückseite der Figur.

4. Nun werden so viele Bonbons, wie das Geburtstagskind an Jahren zählt, auf dem Rücken des Lurches angeordnet und aufgeklebt.

5. Anschließend streichen wir die Zehen des Lurches mit etwas Klebstoff ein und bestreuen die Stellen mit Glitzerpuder. Überschüssiges Puder schütteln wir wieder ab.

Wir feiern Kindergeburtstag 107

Laufkäfer

ab 5 Jahren

roter Fotokarton
Pauspapier
Bleistift
Schere
schwarzer Fotokarton
Lochzange

schwarze Wasserfarbe
Pinsel
Musterklammern mit
rundem Kopf
kleine Flachzange

Wenn wir den Käfer mit der Hand über den Teppich ziehen, beginnen sich seine Beinchen zu bewegen, und es sieht aus, als „liefe" er über den Boden. Das Geheimnis des Käfers: Drei Zahnräder, die mit Musterklammern auf der Rückseite der Figur befestigt sind, geraten in Bewegung, sobald man das Tierchen auf einem rauhen Untergrund entlangschiebt.

1. Wir übertragen die Käferform von der Vorlage auf den roten Fotokarton und schneiden sie aus.

2. Anschließend pausen wir die Vorlage für das Laufrad dreimal auf den schwarzen Fotokarton ab und schneiden sie ebenfalls aus.

3. Mit der Lochzange bringen wir am unteren Rand des Käfers 3 Löcher für die Laufrädchen an. Weitere 2 Löcher stanzen wir weiter oben in das Rückenteil des Käfers.

4. Ebenso stanzen wir je ein Loch in die Mitte der 3 Laufräder.

5. Der Kopf und die Fühler des Käfers werden nun mit Wasserfarbe schwarz angemalt.

6. Danach setzen wir die Figur zusammen: Wir schieben eine Musterklammer von vorn durch eines der Löcher am unteren Rand der Käferform und setzen ein Zahnrad von hinten dagegen. Die Enden der Musterklammer spreizen wir mit der Flachzange nach außen. Damit sie nicht überstehen, rollen wir die Enden ein wenig auf.

7. Die anderen 2 Laufräder befestigen wir auf dieselbe Weise am unteren Rand des Käfers.

8. Danach bringen wir 2 weitere Musterklammern auf der Figur an. Ihre runden Köpfe sind Zierpunkte auf dem Rücken des Käfers. Auch hier biegen wir die Enden der Klammern mit der Flachzange nach außen.

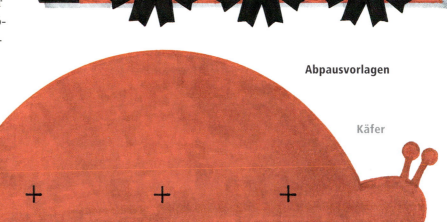

Abpausvorlagen

Käfer

Laufrad

Wir feiern Kindergeburtstag 109

Würfelspiel: Lustiger Clown

ab 5 Jahren

> Tonpapier
> in verschiedenen Farben
> Pauspapier
> Bleistift
> Schere
> 1 Bogen Fotokarton (DIN A3)
> Klebstoff
> schwarzer Filzstift
> Korken
> schwarze Wasserfarbe
> Pinsel
> transparente Klebefolie
> Schokodragees oder
> Spielsteine
> Würfel

Ein neues Spiel, an dem sich alle Kinder beteiligen können, sollte bei keiner Geburtstagsfeier fehlen. Das „Clownspiel" werden die Gäste bestimmt noch nicht kennen. Es geht dabei um jede Menge Punkte und ein wenig Glück beim Würfeln.

1. Zuerst übertragen wir alle 12 Teile für den Clown vom Vorlagebogen auf Tonpapier und schneiden sie aus. Die Hand, den Fuß sowie die Bein- und die Armkrause schneiden wir je zweimal aus.

2. Danach legen wir die Teile auf dem großen Bogen Fotokarton zur Clownfigur zusammen. Sobald uns die Anordnung gefällt, kleben wir die Formen nacheinander auf dem Karton fest.

3. Auf den Mund malen wir mit schwarzem Filzstift einen Strich. Jetzt lächelt der Clown.

4. Danach werden die Setzpunkte für die Spielsteine auf die Figur gedruckt. Wir bepinseln hierfür eine Seite des Korkens mit schwarzer Wasserfarbe und drücken sie fest auf das Bild. Nach jedem Druck wird der Korken von neuem mit Farbe bestrichen. Wie die Augen auf dem Würfel sind auch bei unserem Spiel die Punkte von 1 bis 6 über den ganzen Clown verteilt. Einige Punktzahlen kommen sogar zweimal vor.

5. Wir beginnen mit dem Druck bei der Mütze: An die Spitze der Bommel setzen wir den ersten Punkt.

6. Anschließend folgen die Beine: In Höhe der Knie bringen wir je 2 schwarze Kreise an.

7. Die „Drei" drucken wir dem Clown als Nase und Augen ins Gesicht.

8. Nun folgt die „Vier": In beide Fußformen drücken wir 4 schwarze Kreise hinein.

9. Für die „Fünf" kommt auf jeden Finger des Clowns ein Setzpunkt.

10. Der Bauch bietet viel Platz. Er erhält 6 Setzpunkte aufgedruckt.

Wir feiern Kindergeburtstag 111

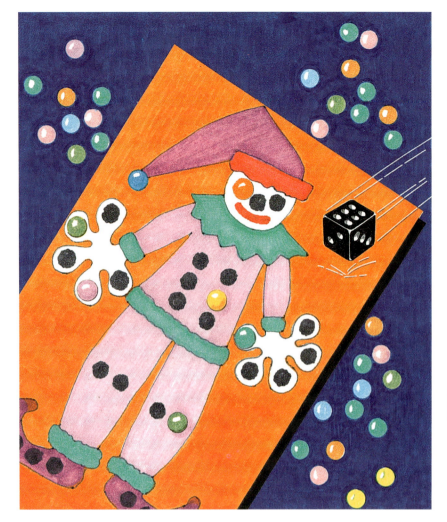

Spielregeln

1. Auf jeden Setzpunkt legen wir ein Schokodragee. Der erste Spieler würfelt und darf von dem Setzpunkt mit seiner Augenzahl ein Schokodragee nehmen. Sobald er einen Körperteil des Clowns erwürfelt hat, auf dem sich kein Schokodragee mehr befindet, ist der nächste Spieler an der Reihe. Wer zum Schluß die meisten Dragees besitzt, ist Sieger.

11. Zum Schutz wird nun das Spiel mit transparenter Klebefolie überzogen. Dazu legen wir die Folie mit der klebenden Seite nach oben auf den Tisch. Bei einigen Folien muß vorher noch eine Schutzschicht entfernt werden.

12. Dann drücken wir das Clownbild mit der Motivseite nach unten auf die Folie. Die Folienränder stehen auf jeder Seite etwa 4 cm über.

13. An den Ecken schneiden wir die Folie – wie auf der Zeichnung zu sehen – ein und klappen die Ränder auf die Rückseite des Fotokartons. Wir drehen das Bild um und streichen die Folie auf der Vorderseite gleichmäßig glatt.

2. Statt der Schokodragees können wir auf die schwarzen Punkte auch Spielsteine, Knöpfe oder Perlen setzen. Das ist besonders dann angebracht, wenn wir den Schwierigkeitsgrad des Spiels erhöhen und es zuerst vorwärts und dann rückwärts spielen. Das heißt: Zuerst würfeln wir so lange, bis alle Spielsteine von der Figur entfernt sind. Danach versuchen die Spieler, ihre erwürfelten Steine wieder auf den Clown zu setzen. Die Rückrunde verläuft oft sehr spannend, weil es gar nicht so einfach ist, die Steine wieder loszuwerden.

112 Wir feiern Kindergeburtstag

Einladungskarten: Schmetterling und Marienkäfer

ab 5 Jahren

> Pauspapier
> Bleistift
> Fotokarton
> in verschiedenen Farben
> Schere
> schwarzer Filzstift
> Buntstifte

Schmetterlinge und Marienkäfer sind freundliche Boten, die man zu guten Freunden schickt, um sie zur nächsten Feier einzuladen.
Die Faltkarten sind schnell und einfach herzustellen. Je nach Lust und Laune malen wir jedem Schmetterling ein anderes Muster auf die Flügel.

1. Vom Vorlagebogen übertragen wir mit Pauspapier und Bleistift die Grundform der Karte auf den Fotokarton.

2. Wir schneiden die Form aus und falten sie an den gestrichelten Linien.

3. Nun wird die Karte bemalt. Zuerst zeichnen wir mit schwarzem Filzstift je eine Körperhälfte des Tieres auf die beiden Breitseiten der Karte. Die Fühler zeichnen wir jeweils am Kopfende ein.

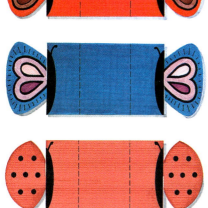

4. Je nachdem, ob die Karte einen Schmetterling oder einen Marienkäfer darstellen soll, malen wir danach schwarze Punkte oder bunte Muster auf die Flügel. Wichtig: Wir malen zuerst einen Flügel aus und setzen dann die gleiche Zeichnung seitenverkehrt auf den anderen Flügel. Das gilt übrigens auch für die Punkte des Marienkäfers. In der Natur sind sie ebenfalls auf beiden Flügelhälften gegengleich angelegt.

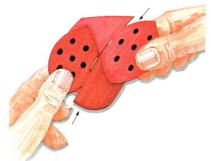

5. Nun schreiben wir unsere Einladung auf die Innenseite der Karte und schieben die Flügel an den beiden Schlitzen ineinander.

Tip: Gebt auf jeden Fall auf der Karte euren Namen und eure Adresse an, damit der Empfänger weiß, von wem sie kommt, falls er den Briefumschlag bereits weggeworfen hat.

Wir feiern Kindergeburtstag 113

114 Wir feiern Kindergeburtstag

Tischdekoration: Serviettenhaus

ab 4 Jahren

> große farbige Serviette
> (32 x 32 cm)
> kleine weiße Serviette
> (26 x 26 cm)
> dickes Buch
> Moosgummi
> in verschiedenen Farben
> Pauspapier
> Bleistift
> Schere
> Klebstoff
> schwarzer Filzstift
> bunte Filzstifte

Es müssen nicht immer aufwendige Bastelarbeiten sein: gerade mit einfachen Dingen wie dieser hübschen Tischdekoration aus Servietten und Zierteilen aus Moosgummi kann man sich und anderen viel Freude bereiten. Je nach Anlaß schmücken wir das Serviettenhaus mit kleinen Kerzen, bunten Herzen oder verzierten Eiformen.

1. Wir falten die Serviette einmal an der senkrechten Mittellinie zusammen. Dann ziehen wir die Faltung mit dem Daumennagel nach und öffnen sie wieder.

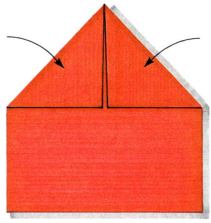

2. Nun klappen wir die beiden oberen Ecken auf die Mittellinie, so daß die Form eines Daches entsteht.

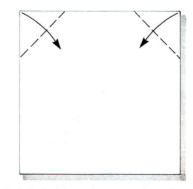

3. Die beiden oberen Ecken der weißen Serviette klappen wir zu einem Viertel nach innen und schieben sie unter das „Dach" der

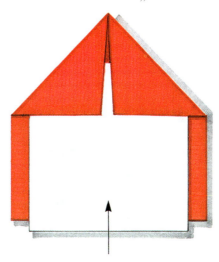

farbigen Serviette. An den unteren Rändern liegen beide Servietten genau übereinander.

4. Anschließend legen wir das Serviettenhaus ein paar Stunden unter ein dickes Buch, um die Faltung zu glätten.

5. In der Zwischenzeit fertigen wir Zierteile an, mit denen wir das Haus schmücken.

6. Wir übertragen dazu die Vorlagen von Seite 206 auf das Moosgummi.

7. Für einen Kindergeburtstag schneiden wir Kerzen aus. Die Flämmchen setzen wir mit einem Tropfen Klebstoff auf den oberen Kerzenrand und zeichnen mit einem schwarzen Filzstift den Docht ein. Auch als Dekoration für einen stimmungsvollen Adventstisch können die Kerzenformen verwendet werden.

8. Für den Muttertag schneiden wir die 3 verschieden großen Herzen aus und kleben sie übereinander.

9. Zum Osterfest gibt es natürlich die Eiformen, die wir mit bunten Filzstiften verzieren.

10. Die gepreßten Serviettenhäuser legen wir so auf die Teller, daß jeweils „Dach" und weiße „Wand" zu sehen sind, und schmücken sie mit den Zierteilen aus Moosgummi.

Wir feiern Kindergeburtstag

Kleine Geschenke für gute Freunde

Stoffpuppe

ab 7 Jahren

1 Stück Stoff (10 x 26 cm)	5-Mark-Stück
Lineal	etwas Reis
Bleistift oder Schneiderkreide	Bastelwatte
Stoffschere	Seidenstrumpf
Nadel	blaues und rotes Stickgarn
Nähgarn	Fellrest
1 Stück Stoff (10 x 23 cm)	Klebstoff
Trikotstoff	weiße Spitze

118 Kleine Geschenke für gute Freunde

Auch wer noch nicht oft Nadel und Faden in der Hand hatte, kann dieses niedliche Püppchen nähen. Es ist einfacher herzustellen, als ihr vielleicht denkt. Allerdings solltet ihr ein wenig Geduld mitbringen.

Körper

1. Für die Beine zeichnen wir auf ein Stück Stoff ein Rechteck mit den Maßen 10 x 26 cm und schneiden es aus.

2. Wir legen das Rechteck Längskante auf Längskante zur Hälfte aufeinander und nähen es an der offenen Seite zusammen, so daß ein Schlauch entsteht.

3. In die offenen Kanten der beiden seitlichen Öffnungen ziehen wir mit Vorstichen einen Faden ein. Anschließend wenden wir das Beinteil.

4. Auf ein zweites Stoffstück zeichnen wir für die Arme ein Rechteck in der Größe 10 x 23 cm und schneiden es aus.

5. Auch dieses Rechteck nähen wir zu einem Schlauch zusammen, ziehen in die seitlichen Öffnungen einen Faden ein und wenden das Armteil.

6. In die Mitte der geschlossenen Kante machen wir einen V-förmigen Einschnitt für den Kopf.

7. Für die Hände und Füße des Püppchens schneiden wir aus Trikotstoff 4 Quadrate à 8 x 8 cm zu.

8. In die Mitte des ersten Stoffquadrats zeichnen wir mit Hilfe eines 5-Mark-Stücks einen Kreis. Mit Vorstichen ziehen wir entlang der Keislinie einen Faden ein.

9. Dann legen wir in die Kreismitte ein Häufchen Reis und schließen unser Säckchen, indem wir an den Fadenenden ziehen. Wir wickeln die Fadenenden je zweimal um den Verschluß und verknoten sie miteinander. Das gleiche wiederholen wir mit den anderen 3 Quadraten aus Trikotstoff.

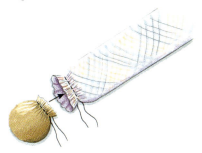

10. Anschließend stecken wir eines der Säckchen in eine offene Seite des Beinteils und ziehen die Seite an dem vorher eingenähten Faden zu.

11. Wir füllen den Beinschlauch mit Bastelwatte und bringen an der anderen Seite das zweite Fußsäckchen an.

12. Auf die gleiche Weise befestigen wir an dem Armteil die Säckchen für die Hände und füllen das Teil mit Bastelwatte.

Kopf

1. Wir formen aus Bastelwatte eine Kugel mit einem Durchmesser von ca. 5 cm und ziehen den Seidenstrumpf darüber. Direkt unterhalb der Kugel binden wir den Strumpf zusammen und schneiden ihn ca. 1 cm unterhalb der Bindestelle ab.

2. Danach ziehen wir über die Strumpfkugel ein 12 x 12 cm großes Stück Trikotstoff, binden es ebenfalls unter der Kugel zusammen und schneiden es ca. 3 cm unterhalb der Bindestelle ab.

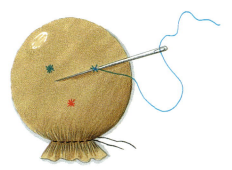

3. Mit blauem Stickgarn nähen wir auf den Puppenkopf 2 Augen und setzen darunter mit rotem Stickgarn den Mund.

4. Für die Haare zeichnen wir auf die Rückseite des Fellstücks einen Kreis mit einem Durchmesser von

Kleine Geschenke für gute Freunde 119

6 cm und schneiden ihn aus. Wie auf der Zeichnung zu sehen, schneiden wir aus dem Rand des Kreises kleine Dreiecke heraus. Anschließend bestreichen wir das Fellstück auf der Rückseite mit Klebstoff und drücken es fest an den Puppenkopf.

2. Mit einem Faden binden wir den Beinschlauch in der Mitte ab, biegen die Beine nach unten und nähen sie direkt unterhalb der Bindestelle mit 2 bis 3 Stichen zusammen.

3. Danach nähen wir das Oberteil genau mittig auf das Beinteil.

4. Zum Schluß bekommt die Puppe Zierkrausen angesetzt. Für die Halskrause ziehen wir in ein 10 cm langes Stück Spitze einen Faden ein. Dann legen wir die Spitze der Puppe um den Hals und ziehen sie an den Fadenenden zusammen. Die Fadenenden werden anschließend fest verknotet und vernäht.

5. Für Arme und Beine benötigen wir 4 jeweils 5 cm lange Stücke Spitze, die auf die gleiche Weise wie die Halskrause an den Händen und Füßen der Puppe befestigt werden.

Teile zusammennähen

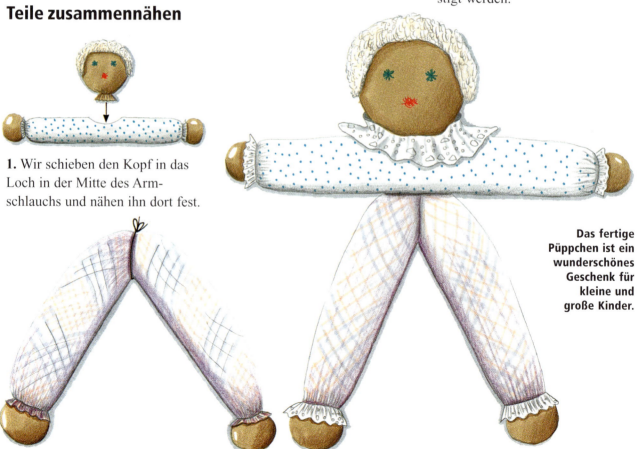

1. Wir schieben den Kopf in das Loch in der Mitte des Armschlauchs und nähen ihn dort fest.

Das fertige Püppchen ist ein wunderschönes Geschenk für kleine und große Kinder.

120 Kleine Geschenke für gute Freunde

Muscheln mit Zauberstein

ab 4 Jahren

> Muscheln mit Loch
> Glitzerspray
> Mugelsteine oder Murmeln
> Sekundenkleber
> Silber- oder Goldkordel

Nette Mitbringsel sind diese Ketten mit Muschelanhängern, in denen sich ein glänzender Stein oder eine schöne Murmel befindet. An einer glänzenden Kordel wird die Muschelkette als Glücksbringer um den Hals getragen. Übrigens: Man kann sich auch selbst mit einer hübschen Zaubermuschel beschenken!

1. Zuerst waschen wir die Muscheln gründlich mit klarem Wasser und trocknen sie ab.

2. Danach suchen wir 2 Muschelhälften aus, die in Farbe und Größe gut zueinander passen.

3. Wer möchte, besprüht das Muschelpärchen an der Außenseite mit Glitzerspray.

4. Nun wählen wir einen schönen Mugelstein aus. Wir befestigen den Stein mit einem Tropfen Sekundenkleber in der zu ihm passenden Muschelhälfte. Er muß genau in die Form hineinpassen, ohne das Loch für die Aufhängung zu verdecken.

5. Anschließend fädeln wir das Muschelpärchen so auf ein Stück Silber- oder Goldkordel, daß beide Hälften eine geschlossene Muschel bilden.

6. Wir ziehen die Muschel in die Mitte der Kordel und fixieren sie mit einem lockeren Knoten. Sie sollte sich noch leicht öffnen lassen und den Blick auf den Stein freigeben.

7. Die Enden der Kordel verknoten wir ebenfalls miteinander. Nun können wir uns die Muschelkette als Glücksbringer um den Hals hängen.

Kleine Geschenke für gute Freunde

122 Kleine Geschenke für gute Freunde

Eulenschachtel

ab 7 Jahren

Fotokarton
Pauspapier
Bleistift
kleine spitze Schere
Papierschneidemesser
fester Karton
schwarzer Filzstift
kleines Küchenmesser
Klebstoff

Selbst ein kleines Geschenk wird zur großen Überraschung, wenn wir es in der Eulenschachtel überreichen. Die originelle Verpackung sieht auch ohne Inhalt so gut aus, daß sie später sicher einen Platz auf der Fensterbank oder im Spielzeugregal findet.

1. Wir übertragen die Eulen- und die Schachtelform vom Vorlagebogen auf Fotokarton und schneiden beide Teile aus.

2. Dann schneiden wir die Augen der Eule mit einer kleinen spitzen Schere strahlenförmig von der Mitte bis zum Rand ein.

3. Mit dem Zeigefinger biegen wir die Einschnitte nach vorn, so daß die Augen ein wenig plastisch hervortreten.

4. Mit dem Papierschneidemesser ritzen wir auf einer Unterlage aus festem Karton den Schnabel und die Federn ein und biegen auch diese Dreiecke etwas nach oben.

5. Die Krallen malen wir mit schwarzem Filzstift auf.

6. Nun kommt die Schachtel an die Reihe: Mit dem Rücken eines kleinen Küchenmessers ziehen wir mit leichtem Druck die gestrichelten Linien auf dem Karton nach.

7. Dann falten wir die Form zusammen, indem wir sie an den Linien knicken.

8. Dann wird die Schachtel an der Seitenlasche zusammengeklebt. Die Lasche liegt hierbei innen.

9. Die runden Teile falten wir übereinander. Sie brauchen nicht geklebt zu werden.

10. Danach kleben wir die Schachtel auf die Rückseite der Eulenform und legen unser Geschenk hinein.

Kleine Geschenke für gute Freunde 123

124 Kleine Geschenke für gute Freunde

Drachenschultüte

ab 5 Jahren

> 2 Bogen rotes Tonpapier
> Schere
> Klebstoff
> Tonpapierreste in verschiedenen Farben
> Pauspapier
> Bleistift
> weißes Schreibmaschinenpapier
> schwarzer Filzstift
> Wollfäden
> Kreppapierreste in verschiedenen Farben
> orangefarbenes Kreppapier (150 cm lang)
> Geschenkband

Ein fröhlicher Begleiter für den ersten Schultag ist dieser Drache aus rotem Tonpapier. In seinem Bauch ist Platz für viele kleine Überraschungen und auch für einige Dinge, die ein frischgebackenes Schulkind von nun an braucht.

1. Zuerst schneiden wir aus dem Tonpapier 2 Quadrate aus. Hierfür falten wir die Breitseite des ersten Bogens diagonal auf seine Längsseite und schneiden den überstehenden Papierstreifen ab. Das gleiche wiederholen wir mit dem zweiten Bogen Tonpapier.

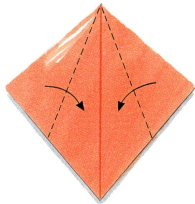

2. Wir öffnen die Faltungen und klappen jeweils die beiden oberen Kanten der Quadrate auf die senkrechte Mittellinie. Es entstehen 2 Drachenformen.

3. Nun kleben wir die erste Drachenform an den Flügeln so auf die geöffnete zweite Drachenform, daß beide Teile an den oberen und unteren Spitzen genau übereinander liegen.

4. Die geöffneten Flügel der zweiten Drachenform klappen wir auf die erste und kleben sie fest. Es ist eine große Tüte entstanden, die wir nun verzieren können.

5. Für das Gesicht übertragen wir den Mund und die Nase von Seite 207 auf das farbige Tonpapier und schneiden die Teile aus.

6. Die Augen pausen wir zweimal auf das weiße Schreibmaschinenpapier ab und malen mit schwarzem Filzstift die Pupillen auf.

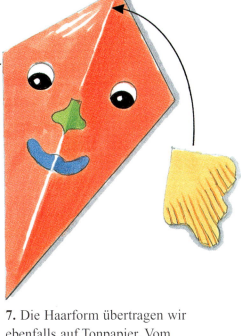

7. Die Haarform übertragen wir ebenfalls auf Tonpapier. Vom Rand bis zum Haaransatz schneiden wir das Papier fransig ein.

Kleine Geschenke für gute Freunde

8. Anschließend kleben wir die 5 Teile für das Gesicht auf die Vorderseite der Tüte.

9. Für die Drachenohren nehmen wir zwei 15 cm lange Wollfäden und binden daran je 2 Kreppapierschnipsel fest. Die Fäden kleben wir nun seitlich an den Drachenkopf.

10. Danach kleben wir den orangefarbenen Streifen Kreppapier in die Öffnung der Tüte.

11. Sobald der Klebstoff getrocknet ist, binden wir das Kreppapier oben mit Geschenkband zusammen.

12. Für den Drachenschwanz knoten wir an einen etwa 30 cm langen Wollfaden 7 bis 10 bunte Kreppapierschnipsel. Anschließend kleben wir den Wollfaden unten an die Spitze der Schultüte.

Modellierter Fuß

ab 4 Jahren

> alte Zeitungen
> Wanne und Schale mit Wasser
> Handtuch
> 1 Gipsbinde
> Schere
> Stuhl
> Hocker
> Cromarfarben
> Pinsel
> Filzstift

„Wer lebt auf dem größten Fuß?" könnte man beim Anblick dieser bunten Gipsabdrücke fragen. Fußmodelle anzufertigen ist ein riesiger Spaß bei Kinderfesten. Allerdings sollten wir zum Schutz des Bodens genügend alte Zeitungen bereithalten oder die ganze Aktion nach draußen in den Garten verlegen.

1. Wir bedecken den Boden mit alten Zeitungen, stellen eine kleine Wanne sowie eine Schale mit Wasser bereit und legen ein Handtuch dazu.

2. Danach zerschneiden wir die Gipsbinde in 8 bis 10 cm lange Streifen.

3. Das Kind, dessen Fuß modelliert werden soll, zieht Schuhe und Strümpfe aus und setzt sich auf den Stuhl.

126 Kleine Geschenke für gute Freunde

4. Der Hocker wird nun so unter ein Bein des Kindes geschoben, daß der Fuß frei in der Luft hängt.

5. Nun können wir mit dem Modellieren beginnen: Wir ziehen ein Stück Gipsbinde kurz durch das Wasser in der Schale, legen es auf den Fuß und streichen es mit nassen Fingern glatt. Das nächste Bindenstück feuchten wir wiederum an und legen es etwas überlappend auf das erste Teil. Wir fahren so fort, bis der ganze Fuß bis an den Knöchel mit etwa 3 Schichten Gipsbinde umwickelt ist.

6. Sobald der Gips zu trocknen beginnt, lösen wir den Abdruck durch vorsichtiges Lockern am Rist und an der Ferse langsam vom Fuß. Anschließend streichen wir den Rand der Öffnung mit nassen Fingern glatt und stellen die Gipsform zum endgültigen Austrocknen für einige Zeit beiseite.

7. Das Kind wäscht seinen Fuß in der bereitgestellten Wanne mit Wasser und zieht wieder Schuhe und Strümpfe an.

8. Nach 1 bis 2 Tagen ist der Gipsabdruck trocken und kann mit Cromarfarben angemalt werden. Damit wir in einigen Jahren noch wissen, von wem der Fußabdruck gemacht wurde, schreiben wir den Namen des Kindes und das Tagesdatum auf die Sohle.

Kleine Geschenke für gute Freunde 127

Nilpferd

ab 5 Jahren

Fotokarton	Lineal
Pauspapier	Kreppapier
Bleistift	Toilettenpapierrolle
Schere	Klebstoff
schwarzer Filzstift	

128 Kleine Geschenke für gute Freunde

„Tierische Verpackungen" kommen immer gut an. Besonders wenn sie so verschmitzt lächeln wie dieses Nilpferd. In seinem Bauch hält es eine kleine Überraschung für gute Freunde bereit.

1. Vom Vorlagebogen pausen wir das Nilpferd auf den Fotokarton ab und schneiden es aus.

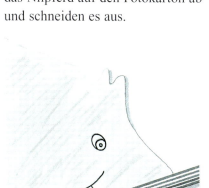

2. Wie auf der Zeichnung zu sehen, malen wir ihm mit schwarzem Filzstift auf beiden Seiten je ein Auge, eine Maulhälfte und eine Lachfalte auf.

3. Danach zeichnen wir mit Lineal und Bleistift ein 22 x 20 cm großes Rechteck auf das Kreppapier und schneiden es aus. Die Maserung des Papiers sollte hierbei quer zur Längsseite verlaufen.

4. Wir bestreichen die Toilettenpapierrolle mit Klebstoff und beziehen sie mit dem Kreppapier.

5. Die seitlich überstehenden Enden drehen wir leicht zusammen und stecken sie ins Innere der Rolle.

6. Anschließend bestreichen wir die Rolle etwa zur Hälfte mit Klebstoff und drücken sie auf den Rücken der Nilpferdform. Wir halten die Teile so lange fest, bis der Klebstoff getrocknet ist.

7. Unser Geschenk legen wir in den Bauch des Nilpferds, indem wir die Kreppapierrolle an einer Seite öffnen und danach mit einer kleinen Drehung wieder schließen.

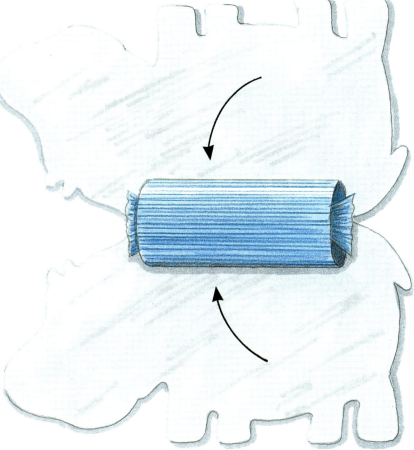

Kleine Geschenke für gute Freunde 129

Tonbild: Segelschiff

ab 5 Jahren

Ton
Kuchenrolle
Messer
Pauspapier
dünner Karton
Bleistift und Schere
Stricknadel
Zeitungspapier
braune, dunkelblaue und mittelblaue Fertigglasur
Pinsel
2 Nägel

Wind und Wetter können dem Tonbild nichts anhaben, deshalb ist es auch möglich, daß wir es an einer Hauswand befestigen. Wenn wir das Bild als Türschild verschenken wollen, schreiben wir den Namen des Empfängers mit Glasur in eines der Segel.

130 Kleine Geschenke für gute Freunde

1. Wir rollen ein Stück Ton 0,5 cm stark aus und schneiden mit dem Messer ein 15 x 15 cm großes Quadrat zu. Das ist unsere Kachel.

2. Ein weiteres Stück Ton rollen wir nun auf eine Stärke von ca. 0,3 cm aus und übertragen darauf die Formen für das Segelschiff, die Wellen und die Fische. Hierfür pausen wir zuerst die 7 Teile vom Vorlagebogen auf dünnen Karton und schneiden sie aus. Danach legen wir die Formen auf den Ton und umfahren sie mit einer Stricknadel, so daß sich die Umrisse in die Tonmasse eindrücken. Wir entfernen die Vorlagen und schneiden mit einem Messer die Tonteile aus.

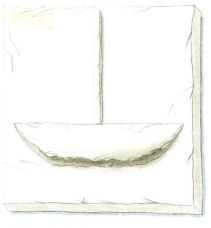

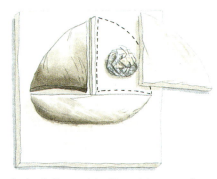

3. Nun legen wir den Bootskörper auf die Kachel und verstreichen ihn sorgfältig an der unteren Kante. Der obere Rand, die „Reeling", darf ein wenig abstehen.

4. Für den Mast formen wir aus Ton eine 7 cm lange Rolle mit einem Durchmesser von 0,5 cm. Den Mast bringen wir senkrecht über dem Bootskörper auf der Kachel an und verstreichen ihn gut an den Rändern.

5. Etwas Zeitungspapier rollen wir dann zu 2 unterschiedlich großen Kugeln. Die größere Kugel setzen wir rechts neben den Mast, die kleinere kommt auf die linke Seite.

6. Auf die rechte Kugel legen wir das große Segel und auf die linke Kugel das kleine Segel. Die Ränder der Formen verstreichen wir auf der Kachel und am Mast. Die Kanten über dem Bootsrand lassen wir offen, so daß es aussieht, als blähte sie der Wind. Später während des Brennvorgangs verglühen die Papierkugeln und fallen als Asche an den offenen Stellen aus den Segeln heraus.

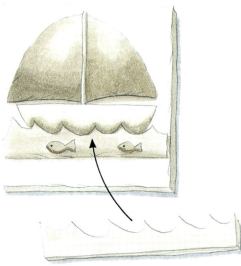

7. Nun kommt das Meer an die Reihe: Wir legen die erste Wellenform so auf die Kachel, daß sie an den Seiten bündig am Kachelrand abschließt und mit ihren Wellenzacken den Bootskörper etwas überlappt. Am unteren Rand verstreichen wir die Form.

Kleine Geschenke für gute Freunde

8. Danach drücken wir die Fische auf die Wellen und verstreichen sie ebenfalls leicht.

9. Das zweite Wellenteil legen wir etwas versetzt auf das erste und verstreichen es unten und an den Seiten. Mit der Stricknadel ritzen wir anschließend am unteren Kachelrand Wellenlinien ein.

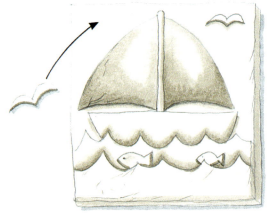

10. Die Möwen formen wir aus 2 kleinen Rollen und setzen sie rechts und links neben das Segelboot.

11. Für die Aufhängung drücken wir mit der Stricknadel in den rechten und linken oberen Rand der Kachel 2 Löcher.

12. Das Tonbild lassen wir etwa eine Woche lang trocknen, dann bringen wir es zum Brennen.

13. Nach dem Brand wird die Kachel glasiert. Zuerst tragen wir die braune Glasur vorsichtig mit dem Pinsel auf den Bootskörper auf. Danach bestreichen wir die Wellen des Meeres mit dunkelblauer Glasur und zum Schluß malen wir den Kacheluntergrund, den Himmel, mit mittelblauer Glasur an. Wenn das Tonbild als Türschild verwendet werden soll, schreiben wir nun mit blauer oder brauner Glasur den Namen in eines der Segel.

14. Vor dem zweiten Brennen lassen wir die Kachel ca. einen Tag lang trocknen.

15. Mit 2 Nägeln wird das fertige Tonbild an einer Haus- oder einer Zimmerwand befestigt.

Geschenkpapier in Rollmurmeltechnik

ab 4 Jahren

1 Schachtel
weißes Schreibmaschinenpapier
Bleistift
Schere
Cromarfarben
1 Murmel

Verblüffend einfach ist diese Methode, schönes Geschenkpapier herzustellen. Je nachdem, welche Farben und was für ein Papier wir auswählen, verändern sich auch die Ergebnisse. Neben weißem Schreibmaschinenpapier können wir die Technik beispielsweise auch mit Buntpapier, Drachenpapier oder Aquarellpapier ausprobieren.

1. Zuerst wählen wir eine passende Schachtel aus. Sollte das Papier dennoch größer sein, stellen wir die Schachtel auf das Papier und umfahren sie mit dem Bleistift. Entlang der Linien schneiden wir das Papier zu.

2. Jetzt kann die Malaktion beginnen. Wir legen das weiße Schreibmaschinenpapier in die Schachtel und tropfen ein paar Farbkleckse auf das Blatt.

3. Danach setzen wir die Murmel in die Schachtel und bringen sie

132 Kleine Geschenke für gute Freunde

durch abwechselndes Heben und Senken der Schachtelseiten ins Rollen. Die Murmel zieht Striche durch die Farbkleckse, sie nimmt von jedem Klecks etwas Farbe mit und mischt sie mit der Farbe des nächsten Kleckses. Durch unsere Bewegungen können wir die Kugel lenken. Es ist interessant zu beobachten, wie sich die Farben vermischen.

4. Sobald unser Blatt schön bunt aussieht, nehmen wir es aus der Schachtel heraus und lassen es trocknen.

Tip: Ein besonders gut gelungenes Rollmusterpapier können wir auch entsprechend zuschneiden und dann auf die Vorderseite einer Grußkarte kleben, oder wir setzen das Papier in einen schönen Bilderrahmen ein und hängen es an die Wand.

Kleine Geschenke für gute Freunde 133

Wenn die ersten Blätter fallen

136 Wenn die ersten Blätter fallen

Getreide-
sträußchenkarten

ab 6 Jahren

Tonpapier (DIN A5)
getrocknete Gräser und
Getreideähren
Klebstoff
Zierkordel
reißfester Faden
Schere
Geschenkband

Auf unserem nächsten Herbstspaziergang sammeln wir schöne Gräser und Ähren, die wir anschließend zum Trocknen in eine Vase ohne Wasser stellen.
Nach etwa einer Woche können wir aus ihnen sehr persönliche Grußkarten anfertigen, die es nirgends zu kaufen gibt.

1. Um eine Klappkarte zu erhalten, falten wir das Tonpapier zur Hälfte zusammen.

2. Die Vorderseite der Karte schmücken wir nun mit den getrockneten Gräsern. Dazu legen wir einen schön geformten Halm in die Mitte der Karte und kleben ihn fest.

3. Den nächsten Halm setzen wir mit etwas Klebstoff schräg über den ersten.

4. Alle weiteren Gräser und Ähren werden ebenfalls so aufgeklebt, daß sie sich an einem Punkt überkreuzen, und die Form eines Sträußchens entsteht.

5. Danach binden wir aus einem Stück Zierkordel eine Schleife und kleben sie auf die Stelle, an der sich die Halme kreuzen.

Variation

1. Statt die Gräser einzeln auf die Karte zu kleben, können wir sie auch zuerst in der Hand zu einem Sträußchen anordnen und danach aufkleben.

2. Wir binden hierfür das Sträußchen mit einem reißfesten Faden zusammen und bestreichen es auf der Rückseite mit etwas Klebstoff.

3. Danach drücken wir das kleine Gebinde flach auf die Karte und schneiden unten überstehende Halme mit einer Schere ab.

4. Ein Stück Geschenkband legen wir zu 2 Schlaufen und kleben es als Schleife auf die Bindestelle des Sträußchens.

Wenn die ersten Blätter fallen

Mobile:
Igel im Herbstlaub

ab 4 Jahren

Pauspapier
Bleistift
Schere
brauner Fotokarton
gelber, grüner und roter Fotokarton
Klebstoff
Bastfäden
Hefter
getrocknete Blätter
Reißzwecken

Eine hübsche Idee: Getrocknete Blätter, die an Bastfäden von der Decke herabhängen und sich zusammen mit kleinen Igeln, die bunte Äpfel und Birnen auf dem Rücken tragen, drehen.
Solch ein Igelmobile ist im Herbst eine origineller Schmuck für das Kinderzimmer.

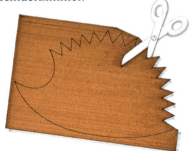

1. Mit Pauspapier und Bleistift übertragen wir den Igel sechs- bis zehnmal vom Vorlagebogen auf braunen Fotokarton. Danach schneiden wir die Form aus. Die Stacheln werden schön spitz, wenn wir den Igelrücken vom Rand aus V-förmig einschneiden.

2. Die Apfel- und die Birnenform pausen wir mehrfach auf gelben, grünen und roten Fotokarton ab. Pro Igel schneiden wir hierbei eine Frucht zu.

3. Anschließend kleben wir auf jeden Igel wahlweise einen Apfel oder eine Birne.

4. Wir schneiden mehrere 2 m lange Bastfäden zu und klammern mit dem Hefter am unteren Ende des ersten Fadens einen Igel an der aufgeklebten Frucht fest.

5. Etwa 10 cm darüber knoten wir ein getrocknetes Blatt an den Bastfaden.

6. Über dem Blatt befestigen wir den nächsten Igel und knoten darüber wieder ein Blatt an. So fahren wir fort, bis der Bastfaden von oben bis unten mit Blättern und Igeln geschmückt ist.

7. Wir befestigen den Faden am oberen Ende mit einer Reißzwecke an der Zimmerdecke.

8. Anschließend bringen wir an dem zweiten Bastfaden Igel und Blätter an und hängen ihn neben den ersten Faden an die Decke. Es sieht gut aus, wenn 3 bis 5 Bastfäden, an denen sich Igel und Blätter drehen, nebeneinanderhängen.

138 Wenn die ersten Blätter fallen

Bucheckernfee

ab 4 Jahren

> Bucheckernhülse
> Klebstoff
> Holzperle (Durchmesser 1 cm)
> Naturwolle oder Watte
> Bunt- oder Filzstifte
> Eichelkappe
> reißfester Faden

Feen sind kleine Fabelwesen, die zumeist in Wäldern gesichtet werden. Auch Bucheckernfeen kommen ursprünglich aus dem Wald. Erst wenn wir genügend Bucheckernhülsen und Eichelhütchen gesammelt haben, können wir sie zusammensetzen und überall dort aufhängen, wo man normalerweise keine Feen vermutet: am Lampenschirm im Kinderzimmer, an kleinen Zweigen im Herbststrauß oder an der Verschnürung eines Geschenkpäckchens.

1. Für das Kleid der kleinen Fee wählen wir eine schön geformte Bucheckernhülse aus und bestreichen ihren Stengel mit Klebstoff.

2. Dann stecken wir den Kopf der Fee – eine Holzperle – auf den Stengel der Hülse.

3. Als Haare kleben wir ein paar Fäden aus Naturwolle auf die Perle, oder wir befestigen einen kleinen Wattebausch, den wir vorher etwas zurechtgezupft haben.

4. Mit Bunt- oder Filzstiften malen wir der Fee anschließend Mund und Augen auf den Kopf.

5. Mit etwas Klebstoff setzen wir eine passende Eichelkappe oben auf die Haare.

6. Für die Aufhängung binden wir einen reißfesten Faden an die Spitze der Kappe und verknoten ihn an den Enden.

Wenn die ersten Blätter fallen 139

Einladungsdrachen

ab 5 Jahren

> Pauspapier
> Bleistift
> gelber Fotokarton
> Schere
> 1-Mark-Stück
> blauer, grüner und
> gelber Fotokarton
> Klebstoff
> schwarzer Filzstift
> Nadel
> Nähgarn

So ein witziger Drachen flattert uns sicher nicht alle Tage ins Haus. Wenn er seine große Zunge herausstreckt, können wir lesen, was er uns mitteilen möchte.

1. Vom Vorlagebogen übertragen wir mit Pauspapier und Bleistift die Drachenform auf roten und die Zungenform auf gelben Fotokarton. Danach schneiden wir beide Teile aus.

2. Wir legen das 1-Mark-Stück auf blauen Fotokarton, umfahren es mit dem Bleistift und schneiden die Kreisform aus. Das ist die Nase des Drachens.

3. Für die Augen schneiden wir einen zweiten Kreis mit Hilfe des 1-Mark-Stücks aus grünem Fotokarton aus. Wir klappen den Kreis zur Hälfte zusammen und schneiden ihn an der Faltlinie auseinander. Die Iris im Innern der Augen besteht aus 2 kleinen Dreiecken, die wir aus gelbem Fotokarton zuschneiden.

4. Nun legen wir die Nase und die Augen auf das Drachenteil und kleben die Formen fest. Mit Filzstift malen wir schwarze Pupillen in die gelben Dreiecke der Iris. Als Wimpern zeichnen wir über den Augen lange Striche auf.

Wenn die ersten Blätter fallen

5. Die Ohren und Haare schneiden wir aus gelbem Fotokarton zu. An jeweils einer Seite schneiden wir die Formen fransig ein. Dann kleben wir die Teile auf dem Drachenkopf fest. Das Gesicht des Drachens ist nun fertig. Jetzt wird die bewegliche Zunge gebastelt.

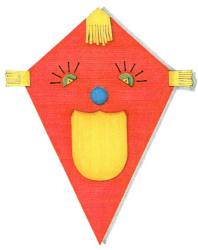

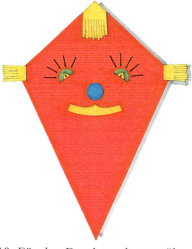

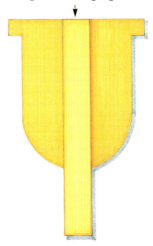

6. Zuerst kleben wir auf die Rückseite der Zungenform einen Streifen Fotokarton von 2 x 16 cm oben an den geraden Rand des Teils.

8. Wir merken uns, wie weit die Zunge sichtbar ist und schreiben darauf unseren Einladungstext.

10. Für den Drachenschwanz übertragen wir die Schleifenform vom Vorlagebogen ca. sechsmal auf mehrere Stücke Fotokarton in verschiedenen Farben und schneiden die Teile aus.

11. Wir fädeln einen langen Nähgarnfaden in eine Nadel und machen in das Fadenende einen Knoten. Dann ziehen wir die Kartonschleifen in gleichmäßigen Abständen auf den Faden und befestigen ihn an der unteren Spitze der Drachenform.

9. Um den Text zu verstecken, hängen wir die Zunge auf der Rückseite des Drachens in eine Halterung ein. Dafür schneiden wir einen Streifen von 1,5 x 11 cm aus Fotokarton zu und kleben ihn an beiden Enden direkt unterhalb der Mundöffnung fest. Wenn die Zunge in dieser Halterung steckt, zeigt der Drachen ein harmlos lächelndes Gesicht – ohne herausgestreckte Zunge natürlich.

Tip: Neben einem roten Drachen können wir natürlich auch einen gelben, blauen oder grünen Drachen anfertigen. Wichtig ist nur, daß wir uns vorher die Farbzusammenstellung für die einzelnen Teile überlegen.

7. Wenn wir nun das Teil an dem Kartonstreifen von hinten durch die Öffnung des Drachens schieben, streckt uns auf der Vorderseite das Gesicht die Zunge heraus.

Wenn die ersten Blätter fallen 141

142 Wenn die ersten Blätter fallen

Traubenkarte

ab 4 Jahren

- Tonpapier (DIN A5)
- Korken
- Wasserfarben
- Pinsel
- 1 Hochglanzpostkarte
- Pauspapier
- Bleistift
- Schere
- Klebstoff

Karten selbst zu drucken macht Spaß, und es geht schnell. Als Schablone für die Weinbeeren nehmen wir einen Korken, die Schablone für das Rebenblatt schneiden wir aus einer Postkarte zu. Übrigens: Das Weintraubenmotiv läßt sich auch auf andere Dinge wie Tischdecken oder Servietten aufdrucken.

1. Damit wir eine Klappkarte erhalten, falten wir das Tonpapier zur Hälfte zusammen.

2. Auf die Vorderseite der Karte drucken wir nun eine Traube aus Weinbeeren auf. Dazu bestreichen wir eine Seite des Korkens mit blauer oder grüner Wasserfarbe und drücken den Korken auf das Papier. Nebeneinander drucken wir so eine Reihe aus 5 Weinbeeren auf die Karte. Nach jedem Druck muß der Korken neu mit Farbe bestrichen werden.

3. Die nächste Reihe besteht aus 4 Weinbeeren, danach folgen Reihen aus 3 und 2 Beeren. Den Abschluß bildet die Spitze der Traube mit einer Beere.

4. Für das Rebenblatt stellen wir eine Druckschablone her. Wir übertragen die nebenstehende Vorlagenzeichnung auf die Hochglanzpostkarte und schneiden sie aus. Für einen Griff schneiden wir einen 2 cm breiten Streifen von der Breitseite der Postkarte ab und kleben ihn leicht gebogen auf die Rückseite des Blattes.

5. Dann tragen wir auf die Blattschablone verschiedene Rot- und Grüntöne auf und drücken sie über der Traube auf die Karte.

Sobald die Farben getrocknet sind, können wir unsere Grüße auf die Innenseite der Traubenkarte schreiben.

Abpausvorlage

Rebenblatt

Wenn die ersten Blätter fallen 143

Wandbild: Apfelbaum

ab 4 Jahren

abwaschbare Tischdecke
4 kleine Teller
grüne, braune, rote
und gelbe Cromarfarbe
Bleistift
hellblauer Fotokarton
(DIN A4)
2 dicke Sektkorken
2 dünne Weinkorken
Borstenpinsel
dunkelblauer Fotokarton

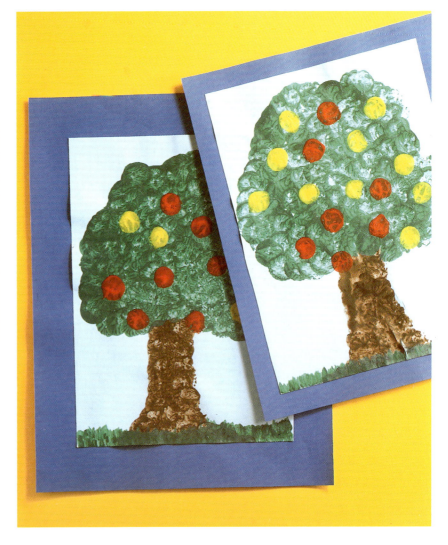

Ähnlich wie das Motiv der Traubenkarte auf der vorigen Seite wird auch das Bild des Apfelbaumes mit Hilfe von Korken auf das Papier gedruckt. Weil wir diesmal viel mehr Fläche zu bedrucken haben, wenden wir eine leicht abgewandelte Technik an.

1. Wir bedecken unsere Arbeitsplatte mit einer abwaschbaren Tischdecke. Dann geben wir in die kleinen Teller etwas grüne, braune, rote und gelbe Cromarfarbe und stellen sie auf die Decke.

2. Mit dem Bleistift zeichnen wir aus freier Hand die Umrisse des Baumstammes und der Baumkrone auf den hellblauen Fotokarton.

3. Nun können wir mit dem Drucken beginnen: Wir tauchen einen der Sektkorken an einer Seite in die braune Farbe und drücken ihn auf die Fläche des Baumstammes. Das wiederholen wir so oft, bis der ganze Stamm mit braunen Punkten übersät ist. Wir achten darauf, daß keine Zwischenräume offen bleiben.

4. Mit dem zweiten Sektkorken bedecken wir anschließend die Baumkrone mit grünen Farbpunkten. Diesmal kann zwischen den Punkten ruhig etwas blauer Himmel durchscheinen.

5. Wenn das Bild getrocknet ist, setzen wir mit den dünneren Weinkorken gelbe und rote Punkte in die Baumkrone. Das sind die Äpfel.

6. Mit dem Borstenpinsel stupfen wir zum Schluß mit grüner Cromarfarbe das „Gras" an den unteren Bildrand.

7. Das fertige Bild kleben wir auf einen Bogen dunkelblauen Fotokarton. Der Karton soll rundum an den Seiten 5 bis 10 cm überstehen.

144 Wenn die ersten Blätter fallen

Kreppapiermedaille

ab 4 Jahren

> Tonpapier
> Kreppapier
> Tasse (Durchmesser 10 cm)
> Bleistift
> Schere
> Klebstoff
> Silberkordel
> Hefter
> Buntpapier, gepreßte Blätter, Münzen und ähnliches zum Schmücken der Medaille

Gelegenheiten, eine Medaille zu verschenken, gibt es viele. Das Geburtstagskind erhält eine Ehrenplakette mit bunten Kerzen in der Mitte. Zum Schulanfang gibt's eine Medaille mit einer symbolischen Schultüte. Der beste Streitschlichter bekommt einen Orden mit einer Friedenspfeife, und für eine gute Tat im Umweltschutz kann man einem kleinen Ehrenbürger eine Medaille mit einem Ahornblatt überreichen.

1. Die Medaille besteht aus 2 Tonpapierkreisen und einer Manschette aus Kreppapier. Für die beiden Kreise stellen wir die Tasse umgekehrt auf das Tonpapier und umfahren sie jeweils zweimal mit dem Bleistift. Anschließend schneiden wir die 2 Tonpapierkreise aus.

2. Für die Manschette schneiden wir einen Kreppapierstreifen mit den Maßen 6 x 100 cm zu.

3. Nun bestreichen wir einen der Tonpapierkreise entlang des Randes mit Klebstoff und legen darauf den Kreppapierstreifen, den wir hierfür an einer Längskante raffen.

4. Auf den zweiten Tonpapierkreis tragen wir ebenfalls Klebstoff auf und drücken ihn vorsichtig auf den ersten Kreis mit dem Ring aus Kreppapier.

5. Zum Aufhängen befestigen wir ein Stück Silberkordel an der Medaille. Wir schieben hierzu die Kordel zwischen die beiden Tonpapierkreise und klammern sie an 2 Stellen mit dem Hefter fest.

6. Danach schmücken wir die Vorderseite der Kreppapiermedaille dem Anlaß entsprechend mit kleinen Kerzen aus Buntpapier, einer kleinen Schultüte, einem getrockneten Blatt, einer Münze oder einem anderen kleinen Gegenstand. Sicher fallen euch noch viel mehr Dinge ein, die ihr auf den Tonpapierkreis in der Mitte der Medaille kleben könnt.

Gestalten mit Naturmaterialien

ab 4 Jahren

großer Weidenkorb
Fernglas
alte Zeitungen
Bestimmungsbuch von
Tieren und Pflanzen im Wald
Messer
Lupe
Tablett
dickes Buch zum Pressen
von Blättern
Nadel und Nähgarn

Der Herbst ist eine ergiebige Zeit, um die Natur zu beobachten, Veränderungen wahrzunehmen und Unbekanntes zu bestaunen. Nicht nur „klassische Bastelarbeiten" setzen kreative Energien frei, sondern auch Tätigkeiten, die mit Entdecken und Experimentieren zu tun haben, und deren Ergebnis nicht von vornherein feststeht.

An einem sonnigen Herbsttag starten wir unsere „Schatzsuche" im Wald. Wir ziehen bequeme Kleider und Schuhe an und nehmen einen großen Weidenkorb und ein Fernglas mit.

Unterwegs sammeln wir viele kleine Dinge, die sich seit dem Sommer verändert haben: Bunte Blätter, Früchte, Beeren und Samen. Auch Pilze, Ästchen von Buchen, Tannen und Lärchen, seltsam geformte Schwämme und ein Stück Baumrinde legen wir in den Korb. Ebenso nehmen wir die Schale eines Vogeleies und eine besonders schöne Vogelfeder mit. Bestimmt finden wir auch noch ein paar Hagebutten, Bucheckern, Tannenzapfen und Eicheln, mit denen wir den Korb füllen können.

Zu Hause breiten wir unsere „Schätze" auf Zeitungen aus. Mit einem Bestimmungsbuch versuchen wir, mehr über die gesammelten Dinge zu erfahren: Wie heißen die schwarzen Beeren? Von welchem Vogel könnte die Feder stammen? Zu welchem Baum gehört das Blatt?

Dann sehen wir uns einige der Dinge genauer an. Wir waschen eine Hagebutte, teilen sie in 2 Hälften und betrachten mit einer Lupe das Innere der Frucht. Die Kerne und das Fruchtfleisch sind zu sehen sowie die feinen Härchen mit den Widerhaken, die auf der Haut jucken, wenn man sie berührt. Wir entfernen die Härchen und die Kerne und kosten von dem Fruchtfleisch. Es hat einen feinen, leicht süßen Geschmack. Auch andere Beeren, Früchte und Pilze untersuchen wir gemeinsam mit unseren Eltern. Bevor wir probieren, wie etwas schmeckt, erkundigen wir uns auf jeden Fall erst bei unserer Mutter oder unserem Vater, ob es auch eßbar ist.

Danach holen wir das Tablett und stellen unsere schönsten „Schätze" darauf aus. Wir beobachten nun, wie sich die Dinge von einem Tag zum anderen verändern: Sie trocknen, schrumpfen und wechseln ihre Farbe.

Schön geformte Blätter pressen wir in einem dicken Buch.
Aus Eicheln und Kastanien fertigen wir Halsketten, Igel und Waldmännchen an. Auch Hagebutten können wir zu Ketten auffädeln, oder wir trocknen sie und kochen Tee daraus.

Das sind nur einige der Möglichkeiten, die gesammelten Schätze zu nutzen. Wer erst einmal anfängt, sich mit Naturmaterialien zu beschäftigen, wird noch vieles entdecken, was sich mit diesen Dingen anfangen läßt.

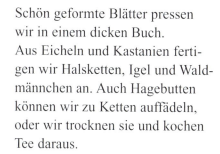

Wenn die ersten Blätter fallen 147

Grußkarten selbstgemacht

Weihnachtsbaum aus Wellpappe

ab 4 Jahren

> naturfarbenes Tonpapier
> (18 x 14 cm)
> Pauspapier
> Bleistift
> Schere
> grüne Wellpappe
> Klebstoff
> kleine Dekosterne
> Goldglitter
> Füllfederhalter oder
> blauer Filzstift

Ausgefallene Weihnachtskarten selbst anzufertigen, ist eine schöne Beschäftigung während der Adventszeit. Besonders, wenn die ganze Familie sich beteiligt, können wir uns auf einen gelungenen Bastelabend freuen.

1. Das naturfarbene Tonpapier falten wir zur Hälfte zusammen, so daß eine Klappkarte entsteht.

2. Dann übertragen wir vom Vorlagebogen den Tannenbaum auf die Rückseite der Wellpappe und schneiden ihn aus.

3. Wir klappen den Tannenbaum ebenfalls entlang der Mittellinie zusammen, öffnen die Faltung wieder und kleben den Baum so auf die Außenseite der Karte, daß Faltlinie auf Faltlinie liegt. Auf der Vorderseite der zugeklappten Weihnachtskarte ist nun ein halber Tannenbaum zu sehen.

4. Zur Verzierung kleben wir nun kleine Dekosterne auf den Baum. Danach verteilen wir einzelne Klebstofftropfen über das Motiv und streuen dick Goldglitter darüber. Der meiste Glitter bleibt auf dem Klebstoff haften, überschüssigen Goldstaub schütteln wir anschließend wieder ab.

5. Unsere Weihnachtsgrüße schreiben wir mit unserem Füllfederhalter oder einem blauen Filzstift auf die Innenseite der Karte.

150 Grußkarten selbstgemacht

Gestickter Stern

ab 4 Jahren

Tonkarton
Schere
Lineal
Bleistift
Pauspapier
Zeitungspapier
dicke Stopfnadel
Goldfaden
Nähnadel
Klebstoff
schwarzer Filzstift

Ein Motiv auf Karton zu sticken, ist originell und ungewöhnlich zugleich. Damit die Näharbeit gelingt, stechen wir die Löcher mit einer dicken Stopfnadel vor. Dann kann selbst ein kleineres Kind die Fäden durchziehen und einen schönen Stern auf die Vorderseite der Grußkarte sticken.

1. Wir schneiden aus dem Tonkarton einen Streifen mit den Maßen 31 x 11 cm zu und falten ihn in der Mitte so zusammen, daß eine Klappkarte im Querformat entsteht.

2. Vom Vorlagebogen übertragen wir nun die 2 Sternformen auf die linke Innenseite der Karte. Dabei ziehen wir die Striche nur leicht nach und betonen dagegen die Punkte an den inneren und äußeren Spitzen.

3. Wir legen die Karte auf mehrere Lagen Zeitungspapier und stechen die Löcher mit einer dicken Stopfnadel vor.

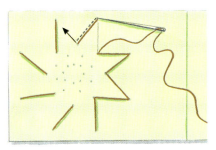

4. Nun fädeln wir den Goldfaden in die Nadel und machen in das Fadenende einen Knoten. Wir sticken zunächst den äußeren Stern in 2 Runden, indem wir den Faden in einfachen Vorstichen durch die vorgestanzten Löcher ziehen. In der ersten Runde sticken wir hierbei erst die linke Seite der Zacken, und in der zweiten Runde füllen wir anschließend die rechte Seite der Zacken aus.

5. Auf die gleiche Weise sticken wir den inneren Stern ebenfalls in 2 Runden. Wenn wir alles richtig gemacht haben, ist zuletzt die Bleistiftzeichnung ganz verdeckt.

6. Anschließend schneiden wir ein zweites Stück Tonkarton mit den Maßen 15,5 x 11 cm zu und kleben es innen auf die Rückseite der Näharbeit.

7. Wer möchte, schreibt nun mit schwarzem Filzstift „Frohe Weihnachten" oder einen anderen Gruß neben den Stern auf die Vorderseite der Karte.

Tanne und Stern aus Tonkarton

ab 5 Jahren

> fester Karton
> Pauspapier
> Bleistift
> Schere
> grüner Tonkarton (18 x 14 cm)
> Goldstift oder Silberstift
> kleine und große Dekosterne
> Klebstoff
> blauer Tonkarton (20 x 15 cm)

Raffiniert wird bei diesen Klappkarten mit der Innen- und Außenseite gespielt. Auf der geschlossenen Karte ist vorn ein halber Stern oder ein halber Tannenbaum sichtbar. Erst wenn wir die Karte öffnen, sehen wir das ganze Motiv und finden in der Mitte den Weihnachtsgruß.

Tanne

1. Wir übertragen die Umrisse der halben Tannenbaumform vom Vorlagebogen auf festen Karton und schneiden sie aus. Das ist unsere Schablone.

2. Dann falten wir den grünen Tonkarton zur Hälfte zusammen. Wir legen die Tannenbaumschablone mit der geraden Seite an die Faltkante der Karte und umfahren sie nun vorsichtig mit dem Bleistift.

3. Wir öffnen die Karte und schneiden den halben Tannenbaum entlang der Linie aus.

4. Mit Goldstift ziehen wir nun die Kanten des Baumes auf beiden Seiten der Vorderseite nach.

5. Anschließend klappen wir die Karte zu und umfahren außen mit dem Goldstift die Ränder des halben Tannenbaums, so daß die Linien auf der Rückseite der Karte erscheinen.

6. Wenn wir nun die Karte aufklappen, wird ein ganzer Tannenbaum auf der Innenseite sichtbar. Mit Goldstift schreiben wir unseren Weihnachtsgruß in die Mitte der Baumform.

7. Wir klappen die Karte nochmals zu und schmücken sie mit kleinen und großen Dekosternen.

Stern

1. Die Sternkarte wird auf die gleiche Weise wie die Tannenbaumkarte hergestellt. Allerdings verwenden wir diesmal blauen Tonkarton, aus dem wir ein Rechteck in der Größe von 20 x 15 cm zuschneiden. Für die Klappkarte falten wir den blauen Tonkarton zur Hälfte zusammen.

2. Die Musterzeichnung für die Sternform finden wir auf dem Vorlagebogen. Um eine Schablone zu erhalten, übertragen wir das Motiv auf festen Karton und schneiden es aus.

3. Anschließend fertigen wir die Sternkarte nach der Anleitung für die Tannenbaumkarte an.

Grußkarten selbstgemacht

154 Grußkarten selbstgemacht

Spritztechnik: Luftballonjunge

ab 5 Jahren

> weißes Tonpapier (DIN A4)
> Pauspapier
> Bleistift
> Schere
> Tonkarton
> Spritzsieb
> alte Zahnbürste
> Wasserfarben
> schwarzer Filzstift

Abpausvorlage

Mit „99 Luftballons" erreichte die „Deutsche Welle" am Schlagerhimmel ihren Höhepunkt. Auch diese Karte mit den bunten Ballons ist hitverdächtig, weil sie mit einfachen Mitteln einen überraschenden Effekt erzielt.

1. Wir falten das weiße Tonpapier einmal zur Hälfte zusammen, so daß wir eine Klappkarte erhalten.

2. Dann übertragen wir die nebenstehende Vorlagenzeichnung des Jungen mit den 5 Ballons auf Tonkarton und schneiden die Teile aus.

3. Wir legen den Jungen und die Ballons auf die Vorderseite der Klappkarte.

4. Jetzt beginnen wir mit dem Spritzen. Wir halten das Spritzsieb mit einer Hand etwa 15 cm über die Karte und tauchen mit der anderen Hand die Zahnbürste in die hellste Farbe – hier ist es Gelb.

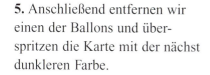

Dann reiben wir vorsichtig mit der Bürste über das Sieb, so daß sich die Farbe in feinen Tröpfchen über die Karte verteilt. Vorsicht: Wenn wir zu viel Wasser mit der Zahnbürste aufnehmen, können Kleckse entstehen.

5. Anschließend entfernen wir einen der Ballons und überspritzen die Karte mit der nächst dunkleren Farbe.

6. Wir fahren so fort und entfernen pro Spritzgang jeweils einen Ballon, bis nur noch der Junge übrigbleibt. Ihn lassen wir weiß und legen die Karte zum Trocknen beiseite.

7. Danach malen wir die Halteschnüre auf. Wir ziehen mit schwarzem Filzstift dünne Striche von jedem Ballon bis zur Hand des Jungen. Durch unterschiedliches Anordnen der Ballons können wir jede Karte ein wenig anders gestalten.

Grußkarten selbstgemacht

Klebeband-Glitzerkarten

ab 6 Jahren

> Fotokarton
> Lineal
> Bleistift
> Schere
> doppelseitiges Klebeband
> gepreßte Blätter
> Zeitungspapier
> Glitzerpulver in verschiedenen Farben

Auch ohne zu zeichnen, lassen sich schöne Grußkarten anfertigen. Aus gepreßten Blättern und Glitzerpulver entstehen interessante Motive, die wir zu vielen Anlässen verschicken können.

1. Zuerst zeichnen wir ein Rechteck mit den Maßen 21 x 15 cm auf den Fotokarton und schneiden es mit der Schere aus.

2. Dann falten wir das Rechteck einmal in der Mitte zusammen und erhalten so unsere Klappkarte.

3. Wir kleben einen Streifen doppelseitiges Klebeband auf die Vorderseite der Karte und schneiden es an beiden Seiten bündig ab.

4. Nun entfernen wir das Schutzpapier und legen auf das Klebeband unsere gepreßten Blätter. Es ist wichtig, daß wir uns die Anordnung der Blätter vorher genau überlegen, denn sobald sie auf dem Klebeband aufliegen, können wir sie nicht mehr verschieben.

5. Wir legen die Karte auf einen großen Bogen Zeitungspapier und bestreuen sie mit einer Farbe des Glitzerpulvers.

6. Um das lose Glitzerpulver zu entfernen, klopfen wir die Karte danach ein paarmal senkrecht auf das Papier.

7. Mit Hilfe der Zeitung schütten wir das überschüssige Pulver in die Dose zurück und bestreuen die Karte mit der nächsten Farbe.

8. Mit unterschiedlichen Farben bestreuen wir nun den Klebestreifen so lange, bis er völlig bedeckt ist und kein weiteres Glitzerpulver mehr aufnimmt.

156 Grußkarten selbstgemacht

Weihnachtscollage

ab 4 Jahren

- schwarzes Tonpapier
- Lineal
- Bleistift
- Schere
- fester Karton
- Geschenkpapier
- Tonpapier
- Pauspapier
- Klebstoff
- Goldstift

Jedes Kind, das bereits mit einer Schere umgehen kann, ist in der Lage, diese Karten herzustellen. Wichtig bei dieser kleinen Bastelarbeit ist die Auswahl des Geschenkpapiers und des farblich dazu passenden Sterns aus Tonpapier.

1. Aus schwarzem Tonpapier schneiden wir ein Rechteck mit den Maßen 21 x 15 cm zu. Wir falten das Rechteck einmal zur Hälfte zusammen, so daß wir eine Doppelkarte erhalten.

2. Nun schneiden wir aus dem Geschenkpapier ein Rechteck in der Größe von 7 x 10 cm aus und kleben es auf die rechte untere Ecke der Vorderseite unserer Doppelkarte.

3. Auf farblich passendes Tonpapier übertragen wir dann die Vorlagenzeichnung für einen der beiden Sterne und schneiden die Form aus.

4. Wir setzen den Stern nun auf die Vorderseite der Doppelkarte in die linke obere Ecke über das Geschenkpapier. Mit Goldstift schreiben wir unseren Gruß auf die Innenseite der Karte.

Grußkarten selbstgemacht 157

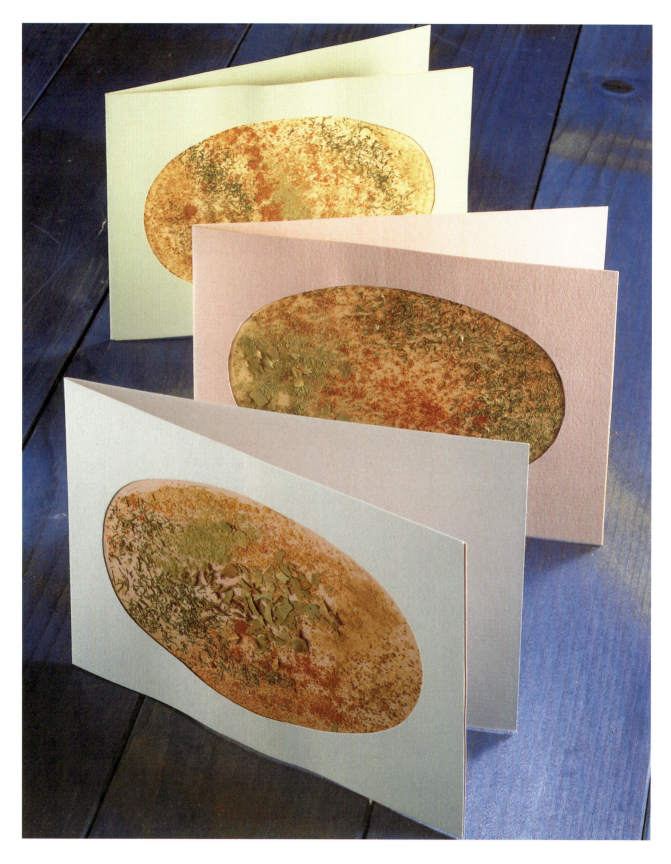

Gewürzkarten

ab 4 Jahren

> Tonkarton
> Lineal
> Bleistift
> kleine spitze Schere
> Pauspapier
> Zeitungspapier
> Pinsel
> Tapetenkleister
> Gewürze wie Paprika, Curry, Dill, Pfeffer oder Lorbeerpulver
> Bastelkleber

Über eine duftende Gewürzkarte freut sich jeder, der ein wenig Sinn für besondere Aufmerksamkeiten besitzt. Je nach Anlaß und Empfänger können wir die Düfte variieren und statt herbem Muskat, Pfeffer und Lorbeer zarte Aromen wie zermahlene Rosenblätter, Lavendel oder Kamille auf die Karte streuen. Intensive Düfte verbreiten auch Blütenpotpourris, die man ebenfalls zerreiben und in den Rahmen auf der Vorderseite der Karte kleben kann.

1. Für die Klappkarte schneiden wir aus Tonkarton einen Streifen mit den Maßen 10,5 x 30 cm zu und falten ihn einmal in der Mitte.

2. Dann übertragen wir das Oval vom Vorlagebogen auf die Vorderseite der Karte und schneiden die Form mit einer kleinen spitzen Schere vorsichtig entlang der Linie aus. Die Klappkarte besitzt nun ein ovales Fenster.

3. Aus einem zweiten Stück Tonkarton schneiden wir für die Einlage ein Rechteck in der Größe von 10,5 x 15 cm zu.

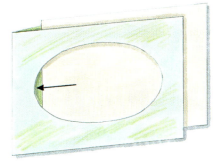

4. Wir legen das Rechteck zwischen die beiden Seiten der Doppelkarte und ziehen mit Bleistift

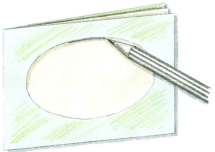

die Ränder des Ovals nach. Dadurch haben wir auf dem Einlageblatt die Fläche festgelegt, auf die wir später die Gewürze streuen.

5. Anschließend legen wir das Rechteck auf eine ausgebreitete Zeitungsseite und tragen mit dem Pinsel ein wenig Tapetenkleister auf das Oval auf.

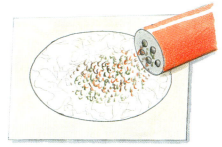

6. Nacheinander streuen wir nun Gewürze wie Paprika, Curry, Dill, Pfeffer und Lorbeerpulver auf die Fläche. Gewürzreste, die auf die Zeitung fallen, können wir nochmals verwenden.

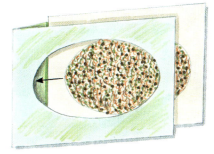

7. Sobald der Kleister getrocknet ist, bestreichen wir die Ränder des Rechtecks mit Bastelkleber und setzen es so hinter das ovale Fenster der Doppelkarte, daß das Bild mit den Gewürzen vorn in dem Rahmen erscheint.

Grußkarten selbstgemacht 159

Ährenkarte

ab 5 Jahren

> grünes Tonpapier
> Lineal
> Bleistift
> Schere
> gelbes Tonpapier
> Klebstoff
> 1-Pfennig-Münze

Nicht nur in ländlichen Gegenden ist es heute üblich, gegen Ende des Sommers ein Erntedankfest zu feiern. Gerade für Kinder ist dieses Fest eine gute Gelegenheit, sich draußen mal wieder so richtig auszutoben. Damit alles reibungslos abläuft, können die Kinder bereits bei den Vorbereitungen helfen und zum Beispiel die hübschen Einladungskarten mit dem Ährenmotiv basteln.

1. Auf grünes Tonpapier zeichnen wir ein Rechteck mit den Maßen 21 x 15 cm. Dann schneiden wir das Rechteck mit einer Schere aus und falten es einmal in der Mitte zu einer Doppelkarte.

2. Aus gelbem Tonpapier schneiden wir einen schmalen Halm und kleben ihn auf die Vorderseite der Karte. Spitz zulaufende Blätter, die wir ebenfalls aus gelbem Tonpapier zuschneiden, kleben wir seitlich an den Halm.

3. Für die Ähre zeichnen wir nun 12 Kreise auf gelbes Tonpapier. Als Schablone verwenden wir hierfür eine 1-Pfennig-Münze.

4. Wir schneiden die Kreise aus und falten sie in der Mitte zu Halbkreisen zusammen.

5. Dann ziehen wir mit dem Bleistift von der Halmspitze senkrecht nach oben einen ca. 5 cm langen Strich.

6. Am oberen Ende der Linie beginnend, kleben wir nun den ersten Kreis mit der rechten Hälfte an die rechte Seite des Striches. Der linke Teil des Kreises steht leicht von der Karte ab.

7. Der zweite Kreis wird anschließend zur Hälfte auf den ersten geklebt.

8. Auf diese Weise kleben wir 6 Kreise aneinander, der letzte schließt unten an den Halm an. Das ist die rechte Seite der Ähre.

9. Wieder oben beginnend, kleben wir die restlichen 6 Kreise an die linke Seite der Hilfslinie. Dabei richten wir uns nach den bereits aufgeklebten Kreisen. Die linken und rechten Kreise sollten jeweils auf gleicher Höhe liegen.

Die Ähre sieht wie plastisch geformt aus, weil die losen Halbkreise in der Mitte hervortreten.

160 Grußkarten selbstgemacht

Taubenkarte

ab 5 Jahren

> blaues Tonpapier (DIN A4)
> Pauspapier
> Bleistift
> Schere
> Lineal
> Papierschneidemesser
> weißes Tonpapier
> Schreibmaschinenpapier
> Filzstift oder Füllfederhalter
> Klebstoff

Die Fähigkeit der Tauben, sich über weite Strecken orientieren zu können, nutzten Menschen früher zur Übermittlung wichtiger Nachrichten. Auch unsere Taube überbringt zuverlässig die Einladung zu unserem Fest. Ort, Datum und Uhrzeit stehen auf dem Schriftband, das sie hinter sich her zieht.

1. Wir falten das Tonpapier zur Hälfte zusammen.

2. Dann übertragen wir die Wolkenform vom Vorlagebogen so auf das Papier, daß sie an der linken Seite die Faltkante berührt. Wir schneiden die Form aus und erhalten eine Klappkarte.

3. Um das Sichtfenster herausschneiden zu können, öffnen wir die Karte und zeichnen mit Bleistift und Lineal auf den Innenteil der Vorderseite ein schmales Rechteck.

4. Mit dem Papierschneidemesser schneiden wir das Rechteck aus.

5. Anschließend übertragen wir die Taube auf das weiße Tonpapier und das Schriftband auf das Schreibmaschinenpapier. Beide Teile schneiden wir aus.

6. Wir notieren nun auf dem Band Ort, Datum und Uhrzeit unserer Feier und falten es wie eine Ziehharmonika zusammen.

7. Auf das linke Bandende kleben wir die Taube, das rechte Ende befestigen wir von hinten an der rechten Seite des Sichtfensters.

Wenn der Empfänger der Karte an der Taube zieht, entfaltet sich das Schriftband und er kann die Nachricht lesen.

Grußkarten selbstgemacht

162 Grußkarten selbstgemacht

Linoldruckkarten

ab 7 Jahren

> Papierschneidemesser
> 1 Stück Linoleum
> Lineal
> Bleistift
> Pauspapier
> Linolmesser mit
> verschiedenen Aufsätzen
> Zeitungspapier
> Malkittel
> Glasplatte
> Linoldruckfarbe
> Gummiwalze
> 1 Bogen Tonpapier
> Tonpapier (DIN A5)
> Schere
> Klebstoff
> Filzstift

Besonders, wenn man viele Freunde hat, lohnt es sich, Weihnachtskarten in der Linolschnittechnik herzustellen. Wir ritzen hierfür das Sternmotiv einmal in den Linolmodel ein und können es dann, so oft wir wollen, auf Klappkarten aus Tonpapier drucken. Je nachdem, welche Farbe wir für das Tonpapier oder den Druck wählen, verändert sich die Wirkung des Motivs, so daß wir mit einem Druckmodel sehr unterschiedliche Karten anfertigen können.

1. Wir beginnen mit dem Linolschnitt: Mit dem Papierschneidemesser schneiden wir aus dem Linoleumstück ein Rechteck mit den Maßen 15 x 11 cm heraus.

2. Dann übertragen wir vom Vorlagebogen den Stern auf die Linolplatte und ritzen mit dem Papierschneidemesser oder dem V-förmigen Linolmesser die Umrisse des Motivs ein. Achtung: Die Messer sind sehr scharf. Damit wir uns nicht verletzen, bewegen wir sie beim Schneiden stets weg vom Körper.

3. 4 der 8 Sternzacken schneiden wir mit dem U-förmigen Linolmesser flächig aus; in die restlichen 4 Sternzacken ritzen wir mit dem V-förmigen Linolmesser kleine Dreiecke ein.

4. Zur Auflockerung bringen wir weitere Dreiecke zwischen den einzelnen Sternzacken an. Der Linolmodel ist fertig, wenn uns das Motiv gefällt.

5. Nun können wir den Stern drucken. Zuerst decken wir den Tisch mit Zeitungspapier ab und ziehen uns einen Malkittel an. Dann drücken wir auf die Glasplatte etwas Farbe und rollen den Klecks mit der Gummiwalze aus. Die Farbe soll sich gleichmäßig auf der Walze verteilen.

6. Anschließend rollen wir mit der benetzten Walze über die Linolplatte, bis die erhabenen Stellen mit Farbe bedeckt sind. Wichtig: Das eingeritzte Sternmotiv bleibt ausgespart.

7. Wir drücken die Platte mit der Farbseite fest auf einen Bogen Tonpapier. Besonders sorgfältig pressen wir hierbei auf die Ecken. Danach lösen wir die Platte ab und lassen den Druck trocknen.

8. Nun stellen wir die Karte her: Wir falten das Stück Tonpapier im DIN-A5-Format zur Hälfte zusammen. Dann schneiden wir das Druckmotiv aus und kleben es auf die Vorderseite der Doppelkarte. Mit einem Filzstift schreiben wir unsere Weihnachtsgrüße in den freien Innenteil.

Grußkarten selbstgemacht

Alle Lichter brennen

166 Alle Lichter brennen

Gefaltete Sternleuchte

ab 8 Jahren

> Tonpapier (DIN A3)
> Pauspapier
> Bleistift
> Schere
> Teelicht
> Salatöl
> Pinsel

Für diese schöne Leuchte benötigt man nicht viel mehr als ein Stück Tonpapier und ein Teelicht. Allerdings sollten wir, um sie schnell anfertigen zu können, bereits ein wenig Übung im Falten besitzen oder uns die Schritte von den Eltern zeigen lassen.

1. Wir übertragen das Achteck vom Vorlagebogen auf Tonpaier und schneiden es aus.

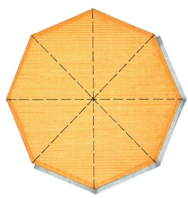

2. Danach falten wir das Papier an den Hilfslinien. Nach jeder Faltung wird die Form wieder aufgeklappt.

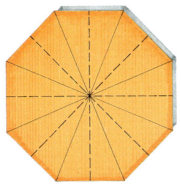

3. Wir wenden das Papier und knicken es abermals an den gestrichelten Linien. Auch diesmal werden die Faltungen wieder geöffnet.

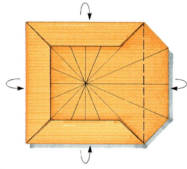

4. An den Rändern falten wir die Form über jeweils 2 Ecken zu einem Viereck.

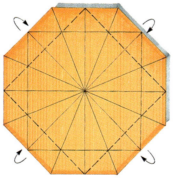

5. Wir öffnen das Papier wieder und falten es – wie auf der Zeichnung zu sehen – an den jeweils anderen Ecken erneut zu einem Viereck.

6. Abermals öffnen wir die Form und knicken die durch das Falten entstandenen Rauten entlang des Randes nach innen.

7. Nun klappen wir eine der Spitzen, die nach außen zeigen, auf die Rückseite der Form.

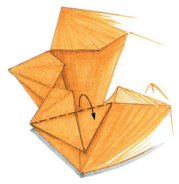

8. Wir nehmen die nächste Spitze und klappen sie ebenfalls nach hinten um. Diese Faltung führen wir reihum an allen 8 Spitzen durch. Dabei biegen sich die Ränder nach oben, und es entsteht die Sternleuchte.

9. Mit der Hand drücken wir den Boden der Leuchte ein wenig flach, so daß ein Teelicht darauf Platz hat.

10. Damit sie durchscheinend wird, bestreichen wir die Sternleuchte mit etwas Salatöl und stellen dann das Teelicht hinein.

Alle Lichter brennen 167

Tischlicht mit Orange

ab 4 Jahren

> Elefantenpapier (DIN A5)
> Pauspapier
> Bleistift
> Schere
> Klebstoff
> kleine Dekosterne
> 1 Orange
> Gewürznelken
> Teelicht
> 3 – 4 Zahnstocher

Eine Leuchte ganz besonderer Art ist dieses Tischlicht. Wenn wir es in der Adventszeit herstellen, verbreitet es über die festlichen Tage einen zarten Duft nach Orangen und Gewürznelken.
Das Teelicht im Innern der Leuchte tauschen wir aus, sobald es abgebrannt ist.

1. Wir übertragen den Lampenschirm vom Vorlagebogen auf das Elefantenpapier und schneiden ihn aus.

2. Dann kleben wir die Enden der Form so übereinander, daß ein gebogener Schirm entsteht.

3. Die Außenseite des Lampenschirms verzieren wir mit kleinen Dekosternen, die wir mit Klebstoff anbringen.

4. Anschließend wird die Orange vorbereitet: Wir spicken sie rundum mit Gewürznelken, die wir in gebogenen oder geraden Linien in die Schale eindrücken.

5. Oben auf die Orange stellen wir dann das Teelicht und fixieren es mit 3 bis 4 Zahnstochern. Wir stecken hierfür die Zahnstocher direkt um das Teelicht in die Schale.

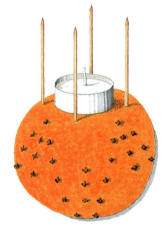

6. Auf die Spitzen der Zahnstocher setzen wir den Lampenschirm. Seine Höhe können wir durch Ziehen oder Drücken an den Zahnstochern bestimmen.

168 Alle Lichter brennen

Wachstropfenkerze

ab 4 Jahren

> Zeitungspapier
> Haushaltskerze
> Kerzenständer
> Streichhölzer
> bunte Kerzenreste
> Stumpenkerze

Ein schönes Mitbringsel in der Herbst- und Winterzeit sind mit Wachstropfen verzierte Stumpenkerzen.
Wer möchte, verschenkt sie gleich zusammen mit einem Untersetzer aus Kork oder Ton.

1. Zuerst decken wir die Arbeitsplatte mit Zeitungspapier ab.

2. Dann stellen wir eine Haushaltskerze in einen Ständer und zünden sie an.

3. Wir wählen eine der bunten Kerzen aus und entzünden sie an der bereits brennenden Kerze.

4. Nun können wir mit dem Verzieren unserer Stumpenkerze beginnen: Wir halten sie dazu waagerecht über das Zeitungspapier und lassen von der bunten Kerze flüssige Wachstropfen auf ihren Rand fallen.

5. Die farbigen Tropfen erstarren sofort, so daß wir die Stumpenkerze langsam drehen können.

6. Sobald wir eine Reihe von Wachstropfen ringsum aufgetragen haben, löschen wir die Kerze und bringen mit einer zweiten andersfarbigen Kerze weitere Tropfen an.

Wenn wir wollen, nehmen wir danach noch eine weitere Kerze in einer dritten Farbe, mit deren Tropfen wir die Stumpenkerze verzieren.

Achtung: Kleine Kinder dürfen Wachstropfenkerzen nur zusammen mit Erwachsenen herstellen. Die bunten Kerzenreste sollten lang genug sein, um sie gut in der Hand zu halten, damit sich niemand die Finger verbrennt.

Alle Lichter brennen 169

170 Alle Lichter brennen

Sternlicht

ab 5 Jahren

Pauspapier
Bleistift
grünes Faltpapier
(15 x 15 cm)
grünes und rotes Tonpapier
(DIN A5)
Schere
Klebstoff
Teelicht

Es ist verblüffend einfach herzustellen: das Sternlicht mit der Blüte in der Mitte. Die Sternform schneiden wir aus Tonpapier zu, und die Blüte wird aus Origamipapier gefaltet. Ganz wie wir wollen, können wir den Stern mit oder ohne Teelicht auf den festlich geschmückten Tisch stellen.

1. Nach der Anleitung von Seite 14 pausen wir die Blüte vom Vorlagebogen auf grünes Faltpapier ab und übertragen die Sternform je einmal auf grünes und rotes Tonpapier. Anschließend schneiden wir die Teile aus.

2. Wir klappen die Blütenform an den gestrichelten Linien dreimal zusammen und öffnen das Papier nach jeder Faltung wieder.

3. Dann falten wir die Blüte abermals an den Markierungslinien und klappen die Form wieder auf.

4. Wie auf der Zeichnung abgebildet, ist auf dem Papier jetzt ein Netz sich überkreuzender Faltlinien zu sehen.

5. Mit Daumen und Zeigefinger drücken wir die 6 Blütenblätter an den Seiten leicht ein, so daß sich die Blätter leicht aufstellen.

6. Dann falten wir die Seitenteile auf die Mitte der Form und klappen die Blätter nacheinander nach rechts um. Das ist die geschlossene Blüte.

7. Wir kleben nun den grünen und den roten Stern versetzt aufeinander und setzen die Blüte auf die Mitte des oberen Sterns.

8. Wenn wir den Stern als Tischleuchte verwenden möchten, öffnen wir die Blüte und stellen ein Teelicht hinein.

Alle Lichter brennen

172 Alle Lichter brennen

Dinosaurierlaterne

ab 4 Jahren

Dinosaurierlandschaft:
- braunes Tonpapier
- Pauspapier
- Bleistift
- Schere
- gelbes Transparentpapier (Reststück)
- Klebstoff
- Pergamentpapier
- Lineal
- braunes und grünes Transparentpapier
- rotes, gelbes und orangefarbenes Transparentpapier
- Zackenschere

Laterne:
- Käseschachtel (Durchmesser 16 cm)
- Papierschneidemesser
- Kerzenhalter
- Klebstoff
- Stopfnadel
- Draht
- Kerze
- Laternenstab

Obwohl wir nur wenig von ihnen wissen, beflügeln Dinosaurier immer wieder unsere Phantasie. Wie lebten sie? Wie sahen sie aus, und vor allem, warum verschwanden sie wieder? Auf unserer Laterne erwachen Tyrannosaurus Rex, Brontosaurus und Ichthyosaurus zu neuem Leben und ziehen durch eine Urlandschaft mit mächtigen Bäumen und feuerspeienden Vulkanen.

Dinosaurierlandschaft gestalten

1. Die Musterzeichnung für den Dinosaurier übertragen wir vom Vorlagebogen auf das braune Tonpapier und schneiden sie aus.

2. Dann kleben wir gelbes Transparentpapier hinter das Auge und die runden Flecken auf dem Körper des Dinosauriers.

3. Wir schneiden für die Seitenwand der Laterne ein Stück Pergamentpapier mit den Maßen 52 x 19 cm zu und kleben an den unteren Rand des Papiers schmale Streifen, die wir aus braunem und grünem Transparentpapier reißen. Das sind die Wiesen und Berge im Hintergrund der Urlandschaft.

4. Den Dinosaurier setzen wir anschließend in die Mitte des Pergamentpapiers.

5. Links von ihm bringen wir den Vulkan an. Wir reißen hierfür vom braunen Transparentpapier Streifen ab und kleben sie in Form eines Kegels ohne Spitze auf das Pergamentpapier. Der Kegel ist etwa 9 cm hoch. Die glühenden Lavaströme formen wir aus roten, gelben und orangefarbenen Transparentpapierstreifen, die wir V-förmig über der Bergkuppe anordnen. Um die Wucht des Vulkanausbruchs optisch zu verstärken, kleben wir kleine Transparentpapierschnipsel in den Farben der Lava rund um den Vulkan auf.

6. Nun wird der Baum gestaltet. Den Stamm mit einer Höhe von ca. 13 cm schneiden wir aus braunem Transparentpapier mit der Zackenschere zu und setzen ihn rechts neben den Dinosaurier. Für die Baumwedel schneiden wir aus grünem Transparentpapier beidseitig spitz zulaufende Streifen aus. Wir kleben die Streifen sternförmig auf die Spitze des Stammes, so daß eine Baumkrone entsteht.

Tip: Wer mehrere Laternen mit verschiedenen Dinosauriern anfertigen möchte, fotokopiert sich Abbildungen anderer Dinosaurier aus Schulbüchern, Lexika oder Zeitschriften heraus und paust sie auf braunes Tonpapier ab. Mit dem Fotokopiergerät können wir die Zeichnungen auch vergrößern oder verkleinern, bis sie genau auf unsere Laterne passen.

Alle Lichter brennen 173

Laterne zusammensetzen

1. Wir nehmen die Käseschachtel und ritzen mit dem Papierschneidemesser in die Mitte des Bodens 2 kleine Schlitze ein.

2. Den Kerzenhalter schieben wir an seinen beiden Laschen von

oben durch die Schlitze. Auf der Unterseite des Bodens knicken wir die Laschen nach außen um.

3. Dann bestreichen wir den Rand des Schachtelbodens außen mit Klebstoff und kleben den unteren Rand des Pergamentpapiers rund um die Käseschachtel.

4. Den Pappring vom Schachteldeckel kleben wir von innen als oberen Laternenrand ein.

5. Danach schließen wir die Laterne, indem wir die beiden offenen Längsseiten des Pergamentpapiers zusammenkleben.

6. Für die Aufhängung stechen wir mit einer Stopfnadel 2 sich gegenüberliegende Löcher in den oberen Ring und befestigen dort den gebogenen Draht an beiden Enden.

7. Anschließend wird eine Kerze in den Halter gesteckt und der Laternenstab in den Draht eingehängt.

174 Alle Lichter brennen

Seidenpapier-laterne

ab 4 Jahren

Pergamentpapier
Lineal
Bleistift
Schere
rotes, orangefarbenes und gelbes Seidenpapier
Klebstoff
Materialien der Laterne von Seite 173

Die Wirkung von Farbe und Licht können wir an der Seidenpapierlaterne in vielen Variationen ausprobieren. Die hier gewählte Farbkombination von Gelb, Orange und Rot läßt die Laterne sehr warm erscheinen. Hätten wir dagegen Blau, Türkis und Grün gewählt, sähe unsere Laterne kühl aus und erinnerte an klares Meerwasser. Es macht Spaß herauszufinden, welche Farbkombination einem am besten gefällt.

1. Für die Seitenwand unserer Laterne schneiden wir ein Stück Pergamentpapier in der Größe von 52 x 19 cm zu.

2. Für die Dekoration messen wir vom roten, orangefarbenen und gelben Seidenpapier je einen Streifen von 55 x 20 cm ab und schneiden ihn ab.

3. Wir knautschen den roten Seidenpapierstreifen an der Längsseite leicht zusammen. Dann bestreichen wir den unteren Rand des Pergamentpapiers mit Klebstoff und drücken das Seidenpapier darauf.

4. Anschließend knautschen wir das orangefarbene Seidenpapier etwas an den Längsseiten und kleben es auf das mittlere Drittel des Pergamentpapiers.

5. Den gelben Seidenpapierstreifen befestigen wir mit Klebstoff am oberen Rand des Pergamentpapiers.

6. Nun haben wir eine Seite des Pergamentpapiers vollständig mit farbigem Seidenpapier beklebt und können die Laterne nach der Anleitung von Seite 174 fertigstellen.

Alle Lichter brennen

Igellaterne

ab 4 Jahren

> Pergamentpapier
> Lineal
> Bleistift
> Schere
> frische Blätter
> Wachsmalstifte
> Pauspapier
> 5 Blatt braunes Faltpapier
> (15 x 15 cm)
> schwarzer Filzstift
> Klebstoff
> Materialien der Laterne
> von Seite 173

Passend zur Jahreszeit lassen wir auf dieser Laterne einige Igel durch buntes Herbstlaub laufen. Wir brauchen dazu mindestens zehn unterschiedlich geformte Blätter, die möglichst frisch sein sollen, damit sie beim Durchpausen auf Pergamentpapier ihre Form behalten.

1. Wir schneiden ein Stück Pergamentpapier in der Größe von 52 x 19 cm zu. Das wird die Seitenwand unserer Laterne.

2. Dann legen wir ein Blatt mit den Blattadern nach oben auf die Arbeitsplatte und bedecken es mit dem Pergamentpapier.

3. Mit einem Wachsmalstift rubbeln wir nun über die Stelle des Papiers, unter der das Blatt liegt. Nach und nach werden die Adern und die Ränder sichtbar. Wir rubbeln so lange weiter, bis die ganze Blattform auf dem Papier erscheint.

4. Dann legen wir ein zweites Blatt so unter das Papier, daß es an einer Seite das erste überlappt und reiben es mit einem Wachsmalstift in einer anderen Farbe durch. Das erste Blatt entfernen wir vorher.

5. Auf diese Weise fahren wir fort zu malen, bis das ganze Pergamentpapier mit bunten Herbstblättern bedeckt ist.

6. Anschließend übertragen wir die Igelform vom Vorlagebogen auf die braunen Faltpapierblätter und schneiden 5 Igel aus.

7. Mit schwarzem Filzstift zeichnen wir auf die Igel Augen, Mund und Nase auf und kleben sie in einer Reihe hintereinander auf den unteren Rand des Pergamentpapiers. Wer möchte, ordnet die Igel auch so an, daß sich jeweils 2 von ihnen ansehen.

8. Danach wird die Laterne nach der Anleitung von Seite 174 zusammengesetzt.

Alle Lichter brennen 177

178 Alle Lichter brennen

Wellenlaterne

ab 8 Jahren

> Pergamentpapier
> gelbes Seidenpapier
> Lineal
> Bleistift
> Schere
> Klebstoff
> orangefarbenes, rotes und
> violettes Seidenpapier
> Materialien der Laterne
> von Seite 173

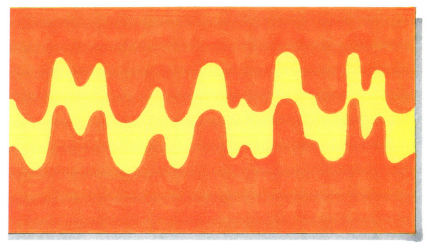

Auch bei dieser Laterne wird mit unterschiedlichen Farben gearbeitet. Hinzu kommt die Wirkung der Form. In Wellenlinien ausgeschnittene Transparentpapierstreifen geben durch geschickte Anordnung den Blick frei auf die helle Mitte der Laterne und erhöhen so ihre Leuchtkraft.

1. Zuerst schneiden wir für die Seitenwand je ein Rechteck aus Pergamentpapier und aus gelbem Seidenpapier mit den Maßen 52 x 23 cm zu.

2. Wir kleben beide Papiere deckungsgleich aufeinander.

3. Dann schneiden wir die anderen Seidenpapiere in folgenden Größen zu: orangefarbenes Seidenpapier 52 x 18 cm, rotes Seidenpapier 52 x 16 cm und violettes Seidenpapier 52 x 14 cm.

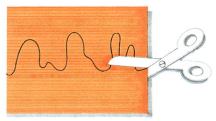

4. Entlang der Mittellinie schneiden wir nun die Papiere in unregelmäßigen Wellenlinien auseinander.

5. Wir kleben je eine wellenförmige Hälfte des orangefarbenen Seidenpapiers auf den oberen wie den unteren Rand des großen gelben Papiers. In der Mitte bleibt dadurch ein ebenfalls wellenförmiger gelber Streifen frei.

6. Anschließend kleben wir nacheinander die beiden Hälften des roten und des violetten Seidenpapiers auf die Ränder des gelben Papierstücks.

7. Nach der Anleitung von Seite 174 stellen wir zum Schluß die Laterne fertig.

Alle Lichter brennen 179

Fischlaterne

ab 5 Jahren

2 Blatt Pergamentpapier
Pauspapier
Bleistift
Backblech
Topflappen
Wachsmalstifte
Schere
fester Karton (ca. 1 mm stark)
Klebstoff
Fotokarton
Lineal
Papierschneidemesser
Kerzenhalter
Lochzange
Draht
Kerze
Laternenstab

Neben Monden und Sternen, Igeln und Dinosauriern gehört mindestens ein Fisch zu einem richtigen Laternenlauf. Obwohl sie kompliziert aussieht, ist die Fischlaterne nicht schwieriger herzustellen als Laternen mit einer runden Grundform.

1. Zuerst fertigen wir die Seitenteile an. Dazu pausen wir die Fischform ohne Schwanzflosse zweimal vom Vorlagebogen auf je ein Blatt Pergamentpapier ab.

180 Alle Lichter brennen

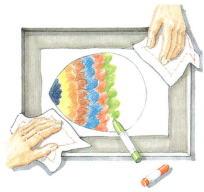

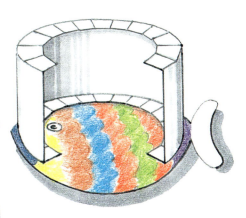

malen die Vorderseiten mit Wachsmalfarben bunt an.

2. Dann legen wir eines der Pergamentpapierblätter auf ein Backblech und schalten die Herdplatte auf die kleinste Stufe. Ein Erwachsener faßt das Backblech mit Topflappen und setzt es auf die Platte. Sobald das Blech ein wenig warm geworden ist, zeichnet ein Kind mit Wachsmalstiften bunte Schuppen auf das Papier. Die Farben werden während des Malens flüssig und fließen leicht ineinander. Mit einem dunklen Stift wird zum Schluß das Auge aufgemalt.

3. Das gleiche wiederholen wir mit dem zweiten Blatt Pergamentpapier. Danach schneiden wir beide Fischformen aus.

4. Vom Vorlagebogen übertragen wir die Fischform mit Schwanzflosse zweimal auf den festen Karton und schneiden die Teile aus.

5. Wir legen die Formen gegengleich vor uns auf den Tisch und

6. Auf die Innenseiten der Kartonfische kleben wir anschließend die Pergamentpapierteile mit den bunten Seiten nach außen auf.

7. Nun stellen wir den Boden der Laterne her. Wir schneiden ein Rechteck in der Größe von 46 x 16 cm aus Fotokarton aus und klappen die Längsseiten der Form 2 cm breit nach innen.

8. Die so entstandenen Ränder schneiden wir in gleichmäßigen Abständen von ca. 1,5 cm ein.

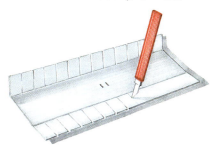

9. In die Mitte des Bodens ritzen wir 2 kleine Schlitze und befestigen dort den Kerzenhalter.

10. Anschließend kleben wir die Laterne zusammen. Wir bestreichen die Laschen an einem Rand des Bodens außen mit Klebstoff.

Dann biegen wir die Form etwas rund und kleben sie an den Laschen auf ein Seitenteil der Laterne. An der oberen Seite des Fisches wird hierbei eine Öffnung freigelassen.

11. Danach kleben wir das zweite Seitenteil auf den anderen Rand des Laternenbodens.

12. Für die Aufhängung stanzen wir mit der Lochzange 2 Löcher in die oberen Ränder der Seitenteile und ziehen den Draht an den Enden darin ein.

13. Bevor wir mit unserer Fischlaterne zum Martinsumzug gehen, brauchen wir nur noch eine Kerze in den Halter zu stecken und den Laternenstab einzuhängen.

Alle Lichter brennen 181

Teelichtsterne

ab 6 Jahren

> Tonpapier
> Pauspapier
> Bleistift
> kleine Schere
> Teelicht im Glashalter
> kleine Klebesterne
> Klebstoff

Wenn wir die Farbe des Tonpapiers, aus dem die Sterne ausgeschnitten werden, auf die Tischdecke und die Servietten abstimmen, haben wir einen wunderschönen Tischschmuck für die Adventszeit. Mit bunten Teelichtern in Glashaltern wirken die kleinen Tischleuchten besonders edel.

1. Vom Vorlagebogen übertragen wir die Sternform zweimal auf Tonpapier und schneiden beide Teile aus.

2. In die Mitte eines der Sterne setzen wir nun das Teelicht und umfahren es mit dem Bleistift.

3. Die entstandene Kreisform schneiden wir mit einer kleinen Schere vorsichtig aus.

4. Die Oberseite des Sterns verzieren wir mit kleinen Klebesternen.

5. Dann schieben wir den Stern so von unten auf das Teelicht, daß er auf etwa halber Höhe steckenbleibt.

6. Anschließend kleben wir das Teelicht auf die Mitte des zweiten Tonpapiersterns.

Alle Lichter brennen

Advent und Weihnachten

186　Advent und Weihnachten

Tannenbaum-Adventskalender

ab 6 Jahren

> Pauspapier
> Bleistift
> 1 Bogen
> dunkelgrüner Fotokarton
> Schere
> Naturwolle oder Watte
> Klebstoff
> fester Karton
> Moosgummi
> in verschiedenen Farben
> alte Zeitungen
> Perlmuttfarbe
> Anstecknadeln

Ein prächtiger Wandschmuck für die Weihnachtszeit: Am Tannenbaum-Adventskalender hängen 24 Moosgummi-Anstecker, die darauf warten, „abgepflückt" zu werden.
Dieser Adventskalender ist für Kindergruppen geeignet und kann beispielsweise im Kindergarten, im Turnverein oder in der Grundschule gebastelt werden. Die Anzahl der Moosgummiteile sollte so berechnet sein, daß jedes Kind mindestens einen der bunten Anstecker bekommt.

1. Vom Vorlagebogen pausen wir den Tannenbaum ab, übertragen ihn auf den dunkelgrünen Fotokarton und schneiden ihn aus.

2. Für den „Schnee" auf den Zweigen zupfen wir aus Naturwolle oder Watte kleine Stücke heraus und kleben sie auf den Baum.

3. Ebenfalls vom Vorlagebogen pausen wir nun die Motive „Glocke", „Kerze", „Stern" und „Blüte" auf festen Karton ab und schneiden die Teile aus. Das sind unsere Schablonen für die Moosgummianstecker.

4. Jedes Kind wählt sich nun eine der Schablonen aus, legt sie auf die Moosgummiplatte und umfährt sie mit dem Bleistift. Die Motive werden anschließend ausgeschnitten. Wer möchte, schneidet aus einem andersfarbigen Stück Moosgummi kleine Stücke heraus und klebt sie als Kerzenflamme, Blütenmitte oder Glockenklöppel auf.

5. Danach decken wir unsere Arbeitsplatte mit alten Zeitungen ab und verzieren die Teile mit Perlmuttfarbe. Dazu drücken wir vorsichtig einzelne Tropfen aus der Tube und tragen sie als kleine Punkte oder kurze Linien auf. Perlmuttfarbe ist dickflüssig und behält auch nach dem Trocknen ihre Form. Unser Motiv bekommt so eine schöne plastische Verzierung.

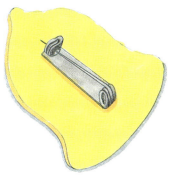

6. Sobald die Perlmuttfarbe getrocknet ist, kleben wir die Anstecknadel auf die Rückseite des Moosgummiteils.

7. Die fertigen Anstecker befestigen wir an dem Tannenbaum. Damit der Baum im Laufe der Adventszeit nicht immer kahler wird, kleben wir weitere Moosgummiteile ohne Anstecknadel auf seine Zweige.

Advent und Weihnachten

Wellpappekerzen

ab 4 Jahren

> Pauspapier
> Bleistift
> grüne Wellpappe
> Schere
> rote Wellpappe
> Klebstoff
> gelbe Wellpappe
> Baumkerzen

Völlig ungefährlich und deshalb auch als dauerhafte Tischdekoration geeignet sind die Wellpappekerzen mit gelber Papierflamme. Wer dagegen echte Baumkerzen aufstellen möchte, fertigt nur die Halter aus Wellpappe an.
Wichtig: Sobald die Kerzen angezündet werden, lassen wir sie niemals unbeaufsichtigt auf dem Tisch zurück.

1. Wir pausen den Stern vom Vorlagebogen auf die Rückseite der grünen Wellpappe ab und schneiden ihn aus.

2. Dann schneiden wir einen Streifen von 6 x 8 cm aus roter Wellpappe zu und bestreichen ihn auf der Rückseite mit Klebstoff. Der Streifen wird aufgerollt und kurz festgehalten, bis der Klebstoff getrocknet ist.

3. An einem Ende bestreichen wir nun die Wellpapperolle dick mit Klebstoff und drücken sie auf die Mitte des grünen Sterns.

4. Jetzt fehlt noch die Flamme an unserer Kerze. Hierfür übertragen wir die Flammenform vom Vorlagebogen auf die gelbe Wellpappe und schneiden sie aus. Am unteren Ende bestreichen wir die Flamme mit Klebstoff und setzen sie auf die rote Wellpappekerze.

5. Wer Wachskerzen aufstellen möchte und nur den Kerzenhalter benötigt, schneidet zuerst den Stern aus Wellpappe zu.

6. Dann wird ein 2 cm breiter und 14 cm langer Wellpappestreifen um eine Baumkerze gewickelt und an den Enden zusammengeklebt.

7. Nach dem Trocknen ziehen wir den Wellpappering von der Kerze ab und kleben ihn auf die Mitte des Sterns.

Wenn wir nun die Baumkerze in den Wellpappering auf dem Stern stecken, hat sie festen Halt.

188 Advent und Weihnachten

Christbaumkugeln

ab 4 Jahren

> alte Zeitungen
> Malkittel
> Laternenstab
> Laubsäge
> weiße Kunststoffkugel
> (Durchmesser 10 cm)
> Lackfarben
> Pinsel
> Dekosternchen
> Gold- und Silberglitter
> 1 Glas
> Halterung für die Kugel
> Goldkordel
> Schere

Die bunten Kugeln passen gut zum dunklen Grün des Weihnachtsbaumes. Sie sehen auch in einem Festtagsgesteck schön aus.
Wenn wir die Christbaumkugeln in Transparentfolie einwickeln und diese mit Goldkordel verschnüren, sind sie außerdem ein nettes Mitbringsel während der Weihnachtszeit.

1. Zuerst decken wir unsere Arbeitsfläche mit alten Zeitungen ab und ziehen einen Malkittel an.

2. Wir sägen den Laternenstab in ca. 20 cm lange Stücke.

3. Dann stecken wir eines der Stabstücke in die Öffnung der Christbaumkugel. Der Stab muß so fest sitzen, daß wir die Kugel nach unten halten können.

4. Mit Lackfarben bemalen wir nun die Kugel rundum, bis kein weißer Fleck mehr zu sehen ist.

5. Auf die feuchte Farbe streuen wir die Dekosternchen und drehen dabei die Kugel.

6. Anschließend lassen wir noch etwas Gold- oder Silberglitter auf die Christbaumkugel rieseln.

7. Wenn uns die Verzierung gefällt, stellen wir die Kugel in einem Glas zum Trocknen auf.

8. Am nächsten Tag entfernen wir den Stab und setzen die Halterung auf die Kugel.

9. Wir ziehen eine Goldkordel durch den Ring in der Halterung und verknoten sie an den Enden.

Advent und Weihnachten 189

190 Advent und Weihnachten

Nikolaus auf Schneerutsche

ab 7 Jahren

> fester Karton
> Pauspapier
> Bleistift
> Schere
> Buntpapierreste
> Naturwolle
> Klebstoff
> Klebeband (3 cm breit)
> 1 rote Schneerutsche
> 1 Rolle rotes Kreppapier
> Faden
> 1 Metallglöckchen

Erst auf den zweiten Blick erkennt man die rote Schneerutsche, an der der Nikolaus befestigt ist. Sobald es schneit, entfernen wir die Figur und sausen auf der Rusche den nächsten Hang hinunter.
Die Nikolausfigur ist eine originelle Verpackung, die das Geschenk nicht verdeckt, sondern in einen anderen Gegenstand verwandelt.

Schneerutsche

1. Den Nikolauskopf übertragen wir vom Vorlagebogen auf festen Karton und schneiden ihn aus.

2. Dann reißen wir Buntpapierreste zu Dreiecken, Streifen und Kreisen und kleben die Teile dem Nikolaus als Augen, Nase und Mund auf den Kopf.

3. Für die Haare zupfen wir schmale Streifen von der Naturwolle und kleben sie der Figur an Stirn, Wangen und Kinn auf. Über den Mund kommt ebenfalls ein Wollstreifen als Oberlippenbart. Je länger und „wilder" der Bart herunterhängt, desto echter sieht der Nikolaus aus.

4. Mit Klebestreifen befestigen wir nun die Schneerutsche an Hals und Hinterkopf der Pappfigur. Sie muß fest mit dem Kopf verbunden sein.

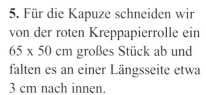

5. Für die Kapuze schneiden wir von der roten Kreppapierrolle ein 65 x 50 cm großes Stück ab und falten es an einer Längsseite etwa 3 cm nach innen.

6. Wir bestreichen die Faltkante des Kreppapiers mit Klebstoff und drücken sie – beginnend an der Stirn – rund um den Kopf fest. Das geht leichter, wenn uns hierbei jemand den Nikolaus festhält.

7. Danach schließen wir die Kapuze, indem wir sie an den offenen Längskanten zusammenkleben.

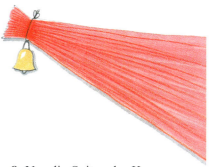

8. Um die Spitze der Kapuze binden wir einen Faden mit einem Glöckchen und verknoten ihn. Den Abschluß bildet ein kleiner Bausch aus Naturwolle, den wir als Bommel aufkleben.

Advent und Weihnachten

Laubsägekrippe

ab 7 Jahren

1 Sperrholzplatte
(22 x 18 cm, 3 mm stark)
Pauspapier
Bleistift
Schraubzwingen
Laubsäge
Drillbohrer
feines Schleifpapier

Stricknadel
rotes, orangefarbenes
und gelbes Drachenpapier
Schere
Klebstoff
Klebeband
kleine Dekosterne

192 Advent und Weihnachten

Wenn die Tage kürzer werden, ist die Zeit der gemütlichen Bastelabende gekommen. Zusammen mit der ganzen Familie, Freunden oder Verwandten macht es Spaß, schöne Dinge für das Weihnachtsfest anzufertigen.

An der Krippe aus Sperrholz können sich alle beteiligen. Die kleineren Kinder schneiden das Drachenpapier zum Hinterkleben des Mittelteils zu. Die größeren übertragen das Krippenmotiv auf die Sperrholzplatte, und einer aus der Gruppe, der schon etwas Erfahrung mit Laubsägearbeiten hat, sägt anschließend die Formen heraus.

1. Wir übertragen das Krippenmotiv vom Vorlagebogen auf die Sperrholzplatte.

2. Dann klemmen wir das Holz mit Schraubzwingen an der Arbeitsplatte fest und sägen die 3 Teile entlang der Umrißlinien aus.

3. Etwas schwieriger ist es, die Innenformen herauszusägen: Mit dem Drillbohrer bohren wir hierfür in den Stern des Mittelteils ein Loch, führen die Laubsäge ein und sägen die Form aus. 2 weitere Löcher bohren wir in den oberen und unteren Teil des Krippenmotivs und sägen die Figuren aus.

4. Mit feinem Schleifpapier glätten wir danach die Kanten sämtlicher Teile. Um in die Ecken des Sterns und der Figuren zu gelangen, wickeln wir ein kleines Stück Schleifpapier um eine Stricknadel und reiben damit an den schwierigen Stellen entlang.

5. Danach übertragen wir vom Vorlagebogen die Formen zum Hinterkleben auf das Drachenpapier und schneiden die Teile aus.

6. Auf die Rückseite des Mittelteils kleben wir zuerst das rote Drachenpapier. Dann kleben wir das orangefarbene Drachenpapier über die Krippenszene. Wichtig: Die Löcher für die Glorienscheine müssen hierbei genau über den Köpfen der Figuren liegen. Zuletzt wird das gelbe Drachenpapier aufgeklebt.

7. Nun setzen wir die Krippe zusammen: Mit zwei 12 cm langen Streifen Klebeband befestigen wir die beiden Seitenflügel am Mittelteil, indem wir die Streifen von hinten über die Ansatzkanten der jeweils nebeneinanderliegenden Teile kleben.

8. Die Seitenflügel und den „Himmel" des Mittelteils verzieren wir zum Schluß mit kleinen Dekosternen.

Advent und Weihnachten 193

Wolkenbilder

ab 4 Jahren

> weißes Tonpapier (50 x 35 cm)
> Pauspapier
> Bleistift
> Schere
> Klebstoff
> weißes Seidenpapier (50 x 35 cm)
> Tonpapier
> Goldfolie
> kleine Dekosterne
> doppelseitiges Klebeband
> weißes Tonpapier (DIN A4)
> weißes Seidenpapier (DIN A4)

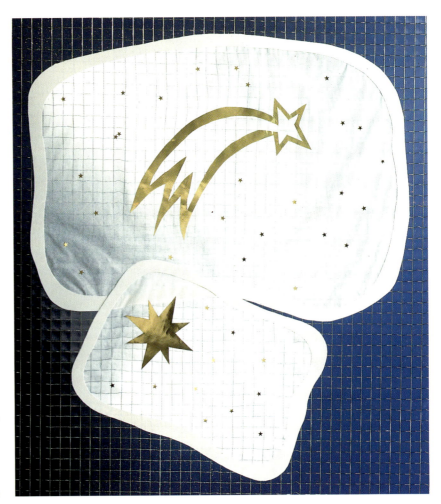

Nicht alle Wolken verheißen Regen oder Schnee. Weiße Seidenpapierwolken mit Kometen und Sternen bringen anheimelnde Winterstimmung ins Kinderzimmer. Statt einer Gardine befestigen wir sie an einem großen Fenster.

Große Wolke

1. Auf das weiße Tonpapier pausen wir vom Vorlagebogen den Rahmen der Wolke ab und schneiden ihn aus.

2. Die Rückseite des Rahmens bestreichen wir mit Klebstoff und legen das Seidenpapier glatt darauf. Wir drücken das Papier rundum fest auf den Rahmen und schneiden seitlich überstehende Papierreste ab.

3. Anschließend übertragen wir vom Vorlagebogen den Kometen auf Tonpapier und schneiden ihn aus. Die Tonpapierform legen wir auf die Goldfolie und umfahren sie mit Bleistift. Danach schneiden wir den Kometen aus.

4. Wir bestreichen den goldfarbenen Kometen auf der Rückseite mit Klebstoff und drücken ihn auf die Vorderseite der Wolke.

5. Mit kleinen Dekosternen verzieren wir anschließend das Wolkenbild.

6. Auf der Rückseite des Rahmens befestigen wir 4 bis 6 kleine Stücke doppelseitiges Klebeband und drücken unser Bild damit an die Fensterscheibe.

Kleine Wolke

Die kleine Wolke wird auf die gleiche Weise wie die große Wolke hergestellt. Wir benötigen für sie weißes Tonpapier sowie weißes Seidenpapier im DIN-A4-Format. Die Musterzeichnungen für den Rahmen und den Stern sind auf dem Vorlagebogen abgebildet.

Weihnachtskarte: Winterlandschaft

ab 7 Jahren

> **Fotokarton**
> **Bleistift**
> **Lineal**
> **Schere**
> **Geschenkpapier**
> **Klebstoff**
> **Goldstift**

Es ist ein schöner Brauch, zum Weihnachtsfest selbstgemachte Grußkarten zu verschicken. Für diese Karten mit stimmungsvoller Winterlandschaft benötigen wir nur einen Bogen Fotokarton, etwas Geschenkpapier und einen Goldstift.

1. Zunächst stellen wir eine Doppelkarte im Querformat her. Wir zeichnen dazu ein Rechteck von 10,5 x 30 cm auf ein Stück Fotokarton und schneiden es aus.

2. Wir falten das Rechteck einmal in der Mitte zusammen und erhalten so eine querformatige Doppelkarte in Postkartengröße.

3. Die zusammengeklappte Karte legen wir auf die Rückseite des Geschenkpapiers, umfahren sie mit Bleistift und schneiden die rechteckige Form aus.

4. Entlang der waagerechten Mittellinie zeichnen wir nun eine unregelmäßige Wellenlinie auf das Geschenkpapier. Wir schneiden das Papier an der Wellenlinie in 2 Hälften.

5. Eines der wellenförmigen Papierteile kleben wir als „Himmel" oben auf die Vorderseite der Doppelkarte. Die zweite wellenförmige Papierhälfte können wir für unsere nächste Weihnachtskarte verwenden.

6. Mit Goldstift malen wir danach frei Hand die Umrisse von Tannenbäumen auf die Grußkarte. Wir zeichnen die Bäume so auf die Karte, daß sie mit ihrer oberen Hälfte in das Himmelteil hineinragen.

7. Zum Schluß malen wir auf das Geschenkpapier kleine goldene Sterne.

Advent und Weihnachten

Wellpappesterne

ab 4 Jahren

Pergamentpapier
Bleistift
Wellpappe
Tonpapier
in verschiedenen Farben
Fotokarton
in verschiedenen Farben
Schere
Klebstoff
Faden
Nadel
silberne Dekosterne

In vielen Familien wird der Christbaum jedes Jahr ein wenig anders geschmückt. Oft reichen schon wenige Zierteile aus, um dem Baum ein neues Aussehen zu verleihen. Die Wellpappesterne lassen sich schnell anfertigen und sind zudem äußerst preiswert. Aus nur wenigen Grundformen können wir eine Vielzahl unterschiedlicher Sterne zusammenstellen.

196 Advent und Weihnachten

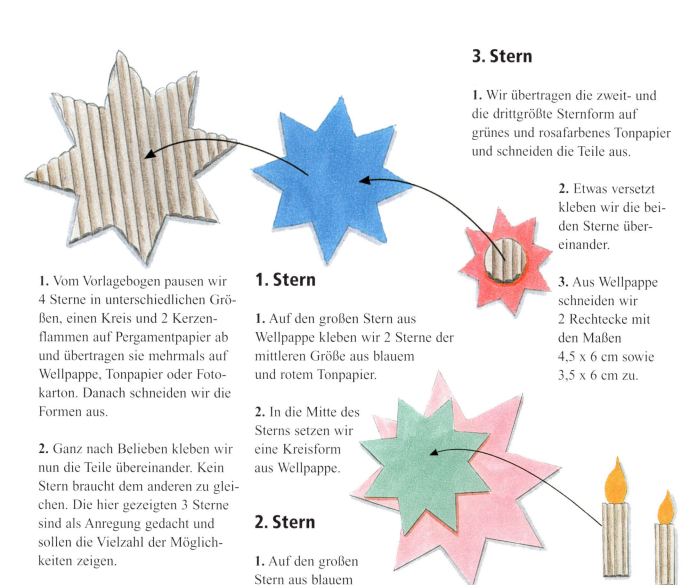

3. Stern

1. Wir übertragen die zweit- und die drittgrößte Sternform auf grünes und rosafarbenes Tonpapier und schneiden die Teile aus.

2. Etwas versetzt kleben wir die beiden Sterne übereinander.

3. Aus Wellpappe schneiden wir 2 Rechtecke mit den Maßen 4,5 x 6 cm sowie 3,5 x 6 cm zu.

1. Vom Vorlagebogen pausen wir 4 Sterne in unterschiedlichen Größen, einen Kreis und 2 Kerzenflammen auf Pergamentpapier ab und übertragen sie mehrmals auf Wellpappe, Tonpapier oder Fotokarton. Danach schneiden wir die Formen aus.

2. Ganz nach Belieben kleben wir nun die Teile übereinander. Kein Stern braucht dem anderen zu gleichen. Die hier gezeigten 3 Sterne sind als Anregung gedacht und sollen die Vielzahl der Möglichkeiten zeigen.

3. Für die Aufhängung ziehen wir durch eine Zacke des fertigen Sterns einen Faden und verknoten ihn an den Enden.

1. Stern

1. Auf den großen Stern aus Wellpappe kleben wir 2 Sterne der mittleren Größe aus blauem und rotem Tonpapier.

2. In die Mitte des Sterns setzen wir eine Kreisform aus Wellpappe.

2. Stern

1. Auf den großen Stern aus blauem Fotokarton kleben wir die zweitgrößte Sternform aus Wellpappe.

2. In die Mitte setzen wir 2 kleine Sterne aus blauem Tonpapier.

3. Die Tonpapiersterne verzieren wir mit silbernen Dekosternchen.

4. Wir bestreichen die Wellpappeformen auf der Rückseite mit Klebstoff und rollen sie auf. Das sind die Kerzen.

5. Nun übertragen wir die 2 Flammenformen auf gelbes Tonpapier und schneiden sie aus.

6. Die Wellpappekerzen kleben wir anschließend senkrecht auf die beiden Sterne und setzen die gelben Flammenformen direkt darüber.

Advent und Weihnachten 197

198 Advent und Weihnachten

Christbaum-schmuck: Geflochtene Ringe

ab 9 Jahren

reißfestes Geschenkpapier
Lineal
Bleistift
Schere
Hefter
Klebstoff
5 – 10 kleine Holzperlen
Faden
Nadel
Geschenkband
Blumendraht
Pauspapier

Christbaumschmuck einmal ganz anders: Statt zu malen oder zu kleben, wird hier mit Papierstreifen geflochten. Besonders apart wirkt der Baumschmuck, wenn Geschenkpapier, Holzperlen und Geschenkband farblich aufeinander abgestimmt sind.

1. Zunächst schneiden wir 3 Streifen in der Größe von 30 x 7 cm aus dem Geschenkpapier zu.

2. Nacheinander rollen wir danach jeden der Streifen locker über einen Bleistift. Die so entstandenen Papierrollen drehen wir vorsichtig zu Spiralen.

3. Dann klemmen wir die 3 Papierspiralen in eine Schublade und verflechten sie miteinander. An den beiden Enden des Papier-

zopfes befestigen wir jeweils eine Heftklammer.

4. Wir biegen den Papierzopf zum Oval und kleben die Enden übereinander.

5. Für das Perlenband in der Mitte fädeln wir 5 bis 10 kleine Holzperlen auf einen ca. 25 cm langen Faden. Wir führen den Faden um die letzte Perle herum und stechen die Nadel wieder zurück durch die anderen Perlen nach oben.

6. Auch die erste Perle wird zusätzlich fixiert, indem wir den Faden noch einmal durch sie hindurchfädeln. Am oberen Ende des Perlenbandes verknoten wir die beiden Fäden miteinander.

7. Um das Perlenband in den Papierzopf einzuhängen, ziehen wir einen der Fäden mit einer Nadel durch den oberen Teil des Ovals, an dem sich die Zopfenden überkreuzen. Abermals verknoten wir die 2 überstehenden Fäden des Perlenbandes miteinander.

8. Für die Aufhängung ziehen wir einen weiteren Faden durch das obere Ende des Zopfes und verknoten seine Enden miteinander.

9. Nun fertigen wir die Schleife aus Geschenkband an: Wir legen dazu ein etwa 40 cm langes Stück Geschenkband in Schlaufen und wickeln ein Stück Blumendraht um die Mitte des Bandes. Die Enden des Blumendrahts verdrillen wir miteinander.

10. An dem Drahtstiel befestigen wir die Schleife oben am geflochtenen Oval.

11. Statt mit einer Stoffschleife können wir den Zopfring auch mit einer Papierschleife schmücken. Wir pausen dazu vom Vorlagebogen die Schleifenform zweimal auf das Geschenkpapier ab und schneiden die Teile aus.

12. Dann kleben wir die 2 Schleifen beidseitig auf das obere Ende des geflochtenen Ovals. In die Mitte der Papierschleifen setzen wir jeweils mehrere Holzperlen als Verzierung.

Advent und Weihnachten

Salzteigstern mit Teelicht

ab 4 Jahren

1 Tasse Mehl
1 Tasse Salz
Wasser
1 TL Öl
Plakafarben in Blau und Rot
Kuchenrolle
Tonpapier
Pauspapier

Bleistift
Schere
Messer
Teelicht
Tablett oder fester Karton
kleine Dekosterne
Klarlack oder Haarspray
Zündholz

200 Advent und Weihnachten

Salzteig läßt sich ähnlich wie Ton verarbeiten. Er hat den Vorteil, daß wir keinen Spezialofen zum Trocknen benötigen und sämtliche Zutaten bereits im Haus haben.
Die einzige Gefahr für unsere Teile aus Salzteig ist die Nässe. Wenn wir jedoch ein wenig darauf achten, daß unser Salzteigstern nicht feucht wird, ist er sehr lange haltbar.

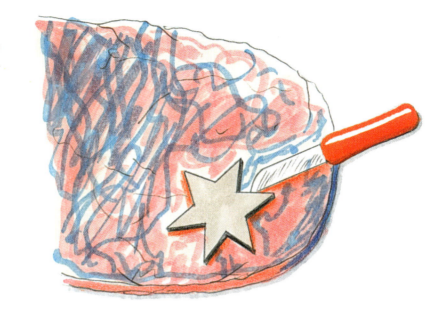

1. Wir verkneten Mehl, Salz und ein wenig Wasser miteinander und geben dann das Öl hinzu. Der Teig sollte jetzt noch zu fest zum Ausrollen sein.

2. Wir teilen den Teig in 3 gleich große Teile. In die erste Teigkugel kneten wir noch etwas Wasser hinzu, bis die Masse schön geschmeidig ist.

3. In die zweite Teigkugel kneten wir die blaue Farbe ein und in die dritte Kugel die rote Farbe. Wir kneten jeweils so lange, bis die ganze Kugel schön gleichmäßig blau oder rot eingefärbt ist. Die

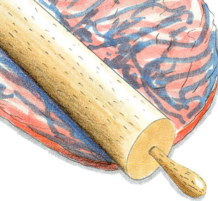

Menge der Farbe richtet sich nach der Beschaffenheit des Teiges und nach der von uns gewünschten Farbintensität.

4. Anschließend legen wir die 3 Salzteigkugeln zusammen und verkneten sie leicht miteinander, bis die Masse meliert aussieht. Die einzelnen Farben sollten noch gut erkennbar sein und den Teig schlierenförmig durchziehen.

5. Dann halbieren wir den Teig und rollen eine Hälfte dünn aus.

6. Für die Schablone übertragen wir das Sternmotiv vom Vorlagebogen auf das Tonpapier und schneiden die Form zu.

7. Wir legen die Sternschablone auf den ausgerollten Teig und schneiden mit dem Messer entlang der Umrisse den Salzteigstern aus.

8. Dann drücken wir das Teelicht einmal fest in die Mitte des Sterns und stellen die Salzteigform zum Trocknen auf ein Tablett oder einen festen Karton.

9. Nach dem Trocknen streuen wir kleine Dekosterne auf den Stern und besprühen die Form mit Klarlack. Wer möchte, nimmt statt des Klarlacks Haarspray. Allerdings haften dann die Dekosternchen nicht so fest auf dem Salzteig.

10. Zum Schluß setzen wir das Teelicht auf den eingedrückten Kreis in der Mitte des Salzteigsterns und zünden es an.

Advent und Weihnachten

Nikolausstift

ab 10 Jahren

1 Wattekugel
(Durchmesser 4 cm)
Schere
1 Regenbogenstift
Klebstoff
Bunt- oder Filzstifte
Naturwolle
rotes Kreppapier
Lineal
Bleistift
rotes Garn
Nadel
kleine Süßigkeiten
kleines Metallglöckchen

Darüber freut sich jeder: Ein Nikolaus, der auf einem Regenbogenstift sitzt, ist eine lustige Spielfigur. Man kann sich kleine Geschichten für ihn ausdenken, ihn sprechen und sogar malen lassen.

1. Zuerst müssen wir das Loch in unserer Wattekugel ein wenig vergrößern. Hierfür zupfen wir mit einer Schere etwas Watte aus der Öffnung heraus.

2. Dann stecken wir den Regenbogenstift mit der stumpfen Seite nach vorn in die Vertiefung. Sollte

202 Advent und Weihnachten

die Kugel noch wackeln, kleben wir sie mit etwas Klebstoff fest.

3. Mit Bunt- oder Filzstiften malen wir das Gesicht des Nikolaus auf die Kugel.

4. Anschließend kleben wir einzelne Streifen aus Naturwolle als Haare rings um das Gesicht auf. Der Bart folgt später.

5. Für die Kapuze schneiden wir ein Rechteck von 20 x 7 cm aus rotem Kreppapier zu. An einer Längsseite falten wir das Papier ca. 1 cm nach innen.

6. An der Faltkante kleben wir das Kreppapier rund um den Kopf der Figur. Die offene Längs- und Breitseite der Kapuze verschließen wir mit Klebstoff. Am Hals binden wir das Kreppapier mit einem roten Faden zusammen.

7. Für den Mantel schneiden wir ein Rechteck von 32 x 13 cm aus rotem Kreppapier zu. An einer Längsseite des Rechteckes ziehen wir einen roten Faden mit Vorstichen ein. Die Enden des Fadens lassen wir etwa 10 cm lang überstehen.

8. Danach raffen wir das Kreppapier zusammen und legen es der Figur um den Hals. Die überstehenden Fäden wickeln wir noch einige Male um das Halsteil und verknoten sie hinten. Wir fädeln ein paar kleine Süßigkeiten auf und verknoten die Fadenenden abermals.

9. Aus Naturwolle fertigen wir nun einen „Schal" für den Nikolaus an. Wir binden ihn der Figur um den Hals und verknoten ihn vorn.

10. Danach kleben wir etwas Naturwolle als Bart auf das Gesicht.

11. Auch der Mantelsaum wird mit Naturwolle beklebt.

12. Zum Schluß nähen wir ein Glöckchen an die Spitze der Kapuze.

Tip: Statt der Naturwolle können wir auch Watte verwenden. Allerdings sehen aus Naturwolle gestaltete Bärte und Kopfhaare echter aus.

Advent und Weihnachten 203

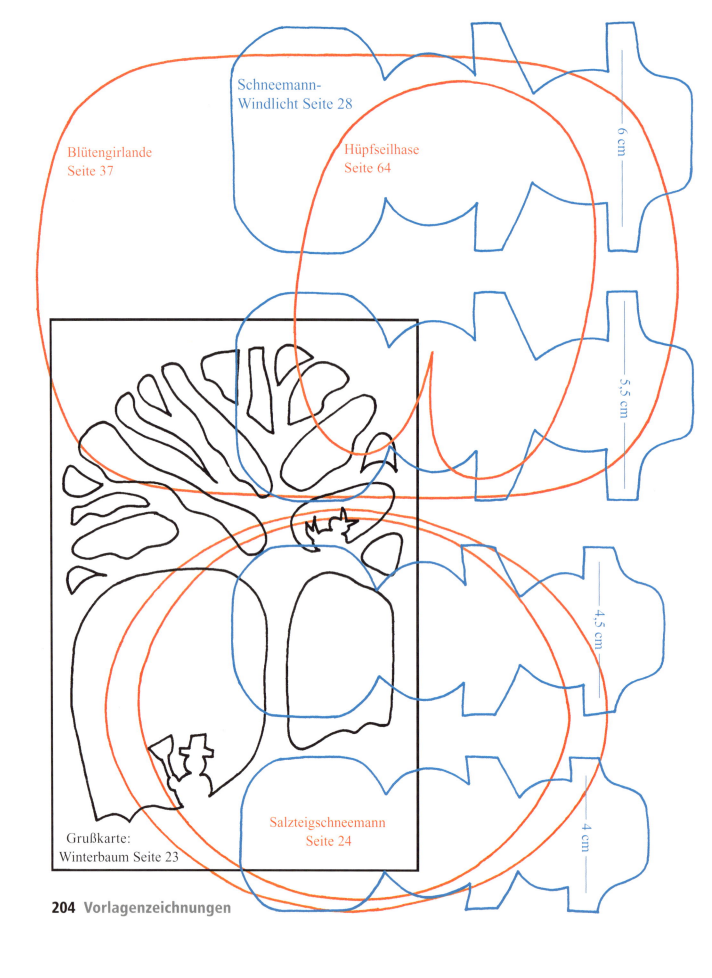

204 Vorlagenzeichnungen

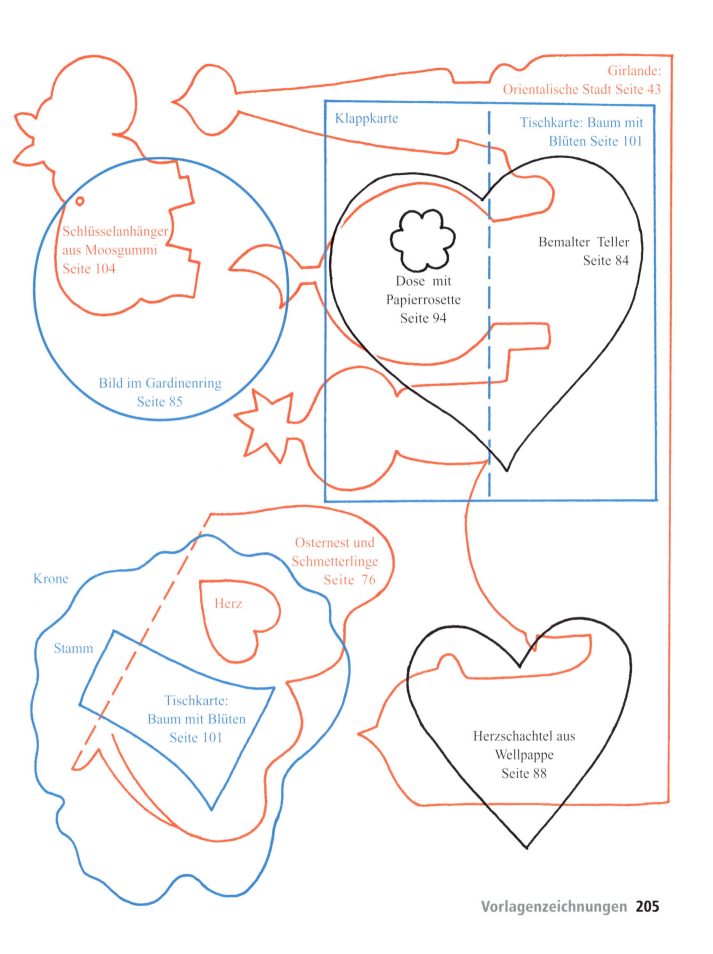

Vorlagenzeichnungen 205

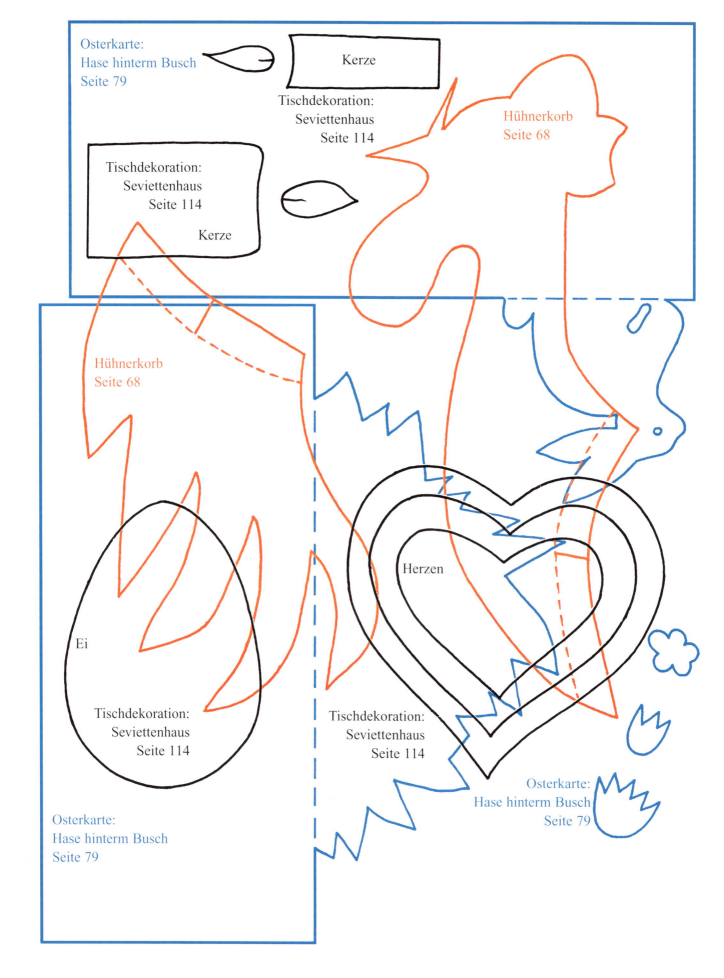

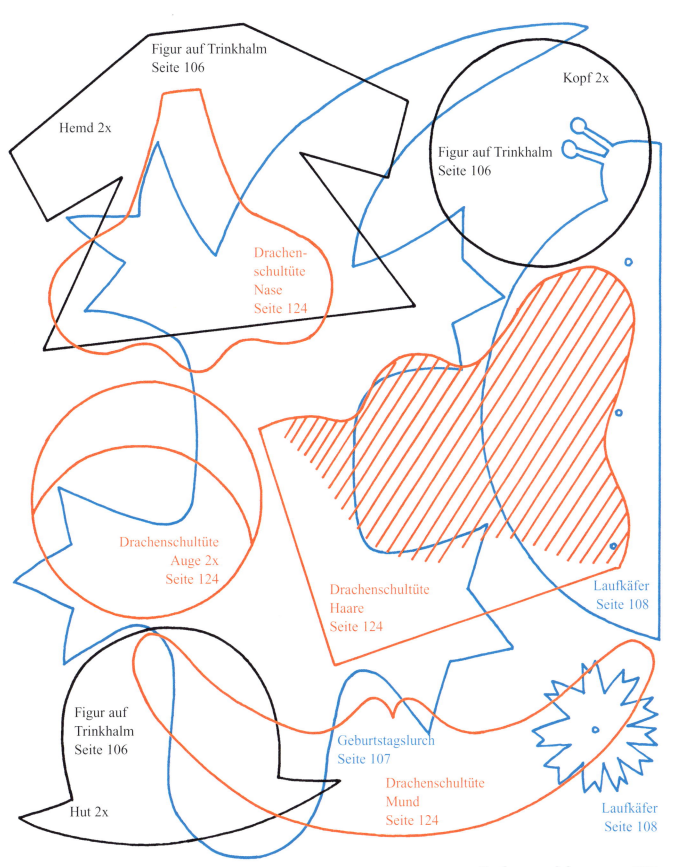

Vorlagenzeichnungen 207

Zum Thema „Basteln mit Kindern" sind im FALKEN Verlag zahlreiche Bücher erschienen.
Hier eine kleine Auswahl:
„Das große farbige Bastelbuch für Kinder" (Nr. 4254),
„Das 2. farbige Bastelbuch für Kinder" (Nr. 4530),
„Kicherhexen und Vampire" (Nr. 7383),
„Kinderjahreskarussell" (Nr. 7377)

Sie finden uns im Internet: www.falken.de

Dieses Buch wurde auf chlorfrei gebleichtem und säurefreiem Papier gedruckt.

ISBN 3 8068 7680 0

© 2001 by FALKEN Verlag in der Verlagsgruppe FALKEN/Mosaik, einem Unternehmen der
Verlagsgruppe Random House GmbH, 65527 Niedernhausen/Ts.
Die Verwertung der Texte und Bilder, auch auszugsweise, ist ohne Zustimmung des Verlages
urheberrechtswidrig und strafbar. Dies gilt auch für Vervielfältigungen, Übersetzungen,
Mikroverfilmung und für die Verarbeitung mit elektronischen Systemen.

Umschlaggestaltung: Peter Udo Pinzer
Gestaltung: Horst Bachmann
Redaktion dieser Auflage: Uta Koßmagk
Herstellung: Harald Nadolny, Herne; Sabine Vogt
Titelbild: Photo-Illustrations Ltd., London
Fotos: TLC-Foto-Studio GmbH, Velen-Ramsdorf
Zeichnungen: Atelier Ulrike Hoffmann, Bodenheim; Grafik Design H. Sinz, Essen
Reinzeichnung des Vorlagebogens: Atelier Ulrike Hoffmann, Bodenheim

Die Ratschläge in diesem Buch sind von den Autorinnen und vom Verlag sorgfältig erwogen und geprüft,
dennoch kann eine Garantie nicht übernommen werden. Eine Haftung der Autorinnen bzw.
des Verlages und seiner Beauftragten für Personen-, Sach- und Vermögensschäden ist ausgeschlossen.

Satz: Team Nadolny, Herne
Druck: Neografia, Martin
Printed in Slovakia

817 2635 4453 6271